高等职业教育新能源汽车"1+X"岗课赛证融通系列教材

汽车营销评估与金融保险服务技术

QICHE YINGXIAO PINGGU YU

JINRONG BAOXIAN FUWU JISHU

主　编　高　旋　王志新
副主编　曹思琳　刘　茜
参　编　赵　苑　赵　威　刘建伟
　　　　付照洪　刘筱娟　刘云海
主　审　曹凌霞

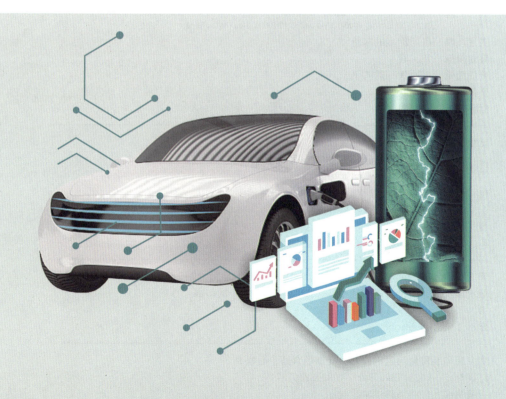

◆ 本册包含模块：二手车评估作业鉴定技术

西安交通大学出版社
XI'AN JIAOTONG UNIVERSITY PRESS

图书在版编目(CIP)数据

汽车营销评估与金融保险服务技术 / 高旋，王志新主编. — 西安：西安交通大学出版社，2023.2
高等职业教育新能源汽车"1＋X"岗课赛证融通系列教材
ISBN 978-7-5693-3280-3

Ⅰ.①汽… Ⅱ.①高…②王… Ⅲ.①汽车-市场营销-高等职业教育-教材 ②汽车-金融-中国-高等职业教育-教材 ③汽车保险-中国-高等职业教育-教材 Ⅳ.①F766 ②F832.44 ③F842.634

中国国家版本馆CIP数据核字(2023)第102692号

书　　名	汽车营销评估与金融保险服务技术
	QICHE YINGXIAO PINGGU YU JINRONG BAOXIAN FUWU JISHU
主　　编	高　旋　王志新
策划编辑	曹　昳
责任编辑	曹　昳　刘艺飞
责任校对	张　欣
封面设计	任加盟
出版发行	西安交通大学出版社
	（西安市兴庆南路1号　邮政编码710048）
网　　址	http://www.xjtupress.com
电　　话	(029)82668357　82667874(市场营销中心)
	(029)82668315(总编办)
传　　真	(029)82668280
印　　刷	西安五星印刷有限公司
开　　本	787 mm×1092 mm　1/16　印张　13　字数　265千字
版次印次	2023年2月第1版　2023年2月第1次印刷
书　　号	ISBN 978-7-5693-3280-3
定　　价	48.00元

如发现印装质量问题，请与本社市场营销中心联系。
订购热线：(029)82665248　(029)82667874
投稿热线：(029)82668502

版权所有　侵权必究

职业教育新能源汽车"1+X"岗课赛证融通系列教材编委会

主任委员	杨云峰	陕西交通职业技术学院
副主任委员	蔺宏良	陕西交通职业技术学院
	黄　平	青海交通职业技术学院
	李富香	青海交通职业技术学院
	李维臻	甘肃交通职业技术学院
	王志新	甘肃交通职业技术学院
	王　勇	北京中车行高新技术有限公司
	袁　杰	四川交通职业技术学院
	刘学军	广西交通职业技术学院
委　员	贾永峰	陕西交通职业技术学院
	韩　风	青海交通职业技术学院
	蔡月萍	青海交通职业技术学院
	黄晓鹏	陕西交通职业技术学院
	刘　涛	陕西交通职业技术学院
	高　旋	陕西交通职业技术学院
	任春晖	陕西交通职业技术学院
	曹凌霞	北京中车行高新技术有限公司
	付照洪	北京中车行高新技术有限公司

前　言

党的二十大报告明确指出："建设现代化产业体系。坚持把发展经济的着力点放在实体经济上，推进新型工业化，加快建设制造强国、质量强国、航天强国、交通强国、网络强国、数字中国。"汽车产业作为实体经济的重要组成部分，其高质量发展对推动我国经济高质量发展具有十分重要的现实意义。2022年我国汽车销量为2686.4万辆，其中，新能源汽车销量达到688.7万辆。根据成熟汽车市场的发展规律，新车销量增速到一定时候就会放缓，转向二手车市场。从近几年的数据来看，我国二手车与新车年销量之比约为1∶4，假设我国二手车与新车销量之比能达到1∶2，就意味着二手车市场还有广阔的市场空间，这就对汽车技术服务行业的人才提出迫切需求，要求其掌握机动车(二手车)的评估鉴定、估价收购、置换销售等方面的知识技能。

本教材瞄准汽车运用工程岗位技术技能人才培养目标，面向高职院校新能源汽车技术、汽车技术服务与营销、汽车检测与维修技术等专业，以汽车领域"汽车营销评估与金融保险服务技术"的"1＋X"职业等级证书标准(中级)为依据，系统梳理总结"1＋X"证书的考核要点，重构机动车(二手车)评估作业鉴定技术知识体系，进行模块化课程改革尝试，并在每个模块中提炼关键技术或工作任务，以任务驱动构建学习情境，引导学生的学习过程。本教材包含"二手车鉴定""二手车技术状况检查评定""二手车收购定价及收购作业""二手车整备及质量认证""二手车置换及销售作业"等5个模块，以及"车辆唯一性判别""静态检查""二手车收购定价""二手车整备""二手车的置换定价"等15个任务。通过学习，可系统了解机动车(二手车)评估作业鉴定技术的基础知识，并初步掌握机动车(二手车)营销的职业技能，同时对接汽车营销评估与金融保险服务技术"1＋X"证书考核要点，实现书证融通。

本教材由陕西交通职业技术学院高旋、甘肃交通职业技术学院王志新担任主编，陕西交通职业技术学院曹思琳、刘茜担任副主编，北京中车行高新技术有限公司曹凌霞担任主审。参编人员有陕西交通职业技术学院赵苑、赵威、刘建伟，北京中车行高新技术有限公司付照洪，一汽丰田汽车销售有限公司刘筱娟，陕西航天龙腾集团刘云海。在本教材编写的过程中，还得到了许多企业技术人员的帮助和支持，在此一并表示感谢！

由于编者水平有限，书中不足之处在所难免，希望广大读者批评指正。

编　者
2023年3月

目录

模块一　二手车鉴定 ……………………………………………………………（1）
　　任务1.1　车辆唯一性判别 ……………………………………………………（3）
　　任务1.2　外观钣金涂装判别 …………………………………………………（15）
　　任务1.3　总成零部件更换判别 ………………………………………………（27）
　　任务1.4　碰撞事故车判别 ……………………………………………………（37）
　　任务1.5　泡水车判别 …………………………………………………………（47）

模块二　二手车技术状况检查评定 ……………………………………………（61）
　　任务2.1　静态检查 ……………………………………………………………（63）
　　任务2.2　动态路试检查 ………………………………………………………（73）
　　任务2.3　技术状况综合评定 …………………………………………………（81）

模块三　二手车收购定价及收购作业 …………………………………………（89）
　　任务3.1　二手车收购定价 ……………………………………………………（91）
　　任务3.2　二手车收购作业 ……………………………………………………（109）

模块四　二手车整备及质量认证 ………………………………………………（117）
　　任务4.1　二手车整备 …………………………………………………………（119）
　　任务4.2　二手车质量认证 ……………………………………………………（131）
　　任务4.3　质量认证二手车的售后管理 ………………………………………（149）

模块五　二手车置换及销售作业 ………………………………………………（161）
　　任务5.1　二手车的置换定价 …………………………………………………（163）
　　任务5.2　二手车的销售作业 …………………………………………………（177）

参考文献 …………………………………………………………………………（199）

模块一
二手车鉴定

任务 1.1

车辆唯一性判别

任务引入

小王欲购入一辆二手车,他委托当地一家二手车鉴定评估公司对欲购入车辆进行技术鉴定。依据我国《二手车鉴定评估技术规范》(GB/T 30323—2013)中对评估作业流程的规定,在与委托人签订委托书之前,要对车辆进行可交易查验,如果属于不可交易的车辆,除特殊需求外,不进行技术鉴定和价值评估。那么,如何判断车辆是否属于可交易车辆呢?

学习目标

(1)能够正确描述二手车相关证件、税费凭证的种类及各自的作用。
(2)能够对二手车一般手续的齐全性、合法性及有效性进行检查。
(3)能够判定待评估车辆是否为合法车辆。
(4)在核查证件中形成严谨、细致的职业理念。
(5)培养自身遵纪守法的意识。

知识准备

1.1.1 二手车的法定证件

1.1.1.1 机动车来历证明

机动车来历证明是二手车来源的合法证明,主要包括以下几种类型。

(1)购车发票(图1-1)。在国内购买的机动车的来历凭证,可分为新车来历证明和二手车来历证明,分别是新车购车发票和二手车购车发票。在国外购买的机动车,其来历证明是该车销售单位开具的销售发票及其翻译文本。

购车发票核查要点：

①销售发票要清楚显示购车人姓名、身份证号、车辆类型和型号、合格证号、发动机号、车架号、购车单价、销售单位公章、工商行政管理部门的公章。

②要认真检查机动车行驶证上的车主姓名同原始发票是否一致。

③过户票据则要清楚显示买卖双方的姓名、住址、身份证号、车牌号、车辆类型、车架号、品牌、登记证号，以及交易价格，要有过户票据的出票单位及公章、工商行政管理部门的公章。

④要认真检查发票是否有工商验证章。

(2)其他凭证。人民法院出具的已经生效的"调解书""判决书""裁定书"，仲裁机构出具的"仲裁裁决书"及其他可以证明车辆来源的文书或文件。

图1-1 机动车购车发票

1.1.1.2 机动车行驶证

机动车行驶证(图1-2)是由公安机关车辆管理部门依法对车辆进行注册登记核发的证件，它是机动车取得合法行驶权的凭证。

机动车行驶证的检查：

(1)核对车主姓名与车主身份证姓名是否一致。

(2)核对号牌号码与机动车行驶证是否一致。

(3)注意机动车行驶证上的年审日期,如果年审已过期,必须重新年审后才能过户。

(4)年审到期日在查违章的同时可以查到,要核对一下和机动车行驶证的到期日是否一致,如果不一致有可能是委托外地年审的车或是没办完验车手续。

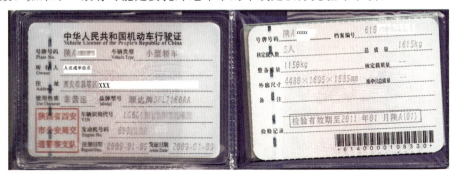

图1-2 机动车行驶证

1.1.1.3 机动车登记证书

机动车登记证书(图1-3)是公安机关车辆管理部门核发和管理的,是机动车的"户口本"和所有权证明,具有产权证明的性质。机动车登记证书上记载了有关机动车和所有人的详细信息。当证书上所记载的原始信息发生变化时,机动车所有人应及时到车辆管理所进行变更登记手续;当机动车所有权转移时,原机动车所有人应当将机动车登记证书进行变更登记后随车交给现机动车所有人。因此,机动车登记证书是机动车"生命周期"的完整记录。

机动车行驶证的主要检查:

(1)核对机动车所有人是否曾为出租公司或租赁公司。

(2)核对登记日期和出厂日期是否时间跨度很大。

(3)核对进口车是否为海关进口或海关罚没。

(4)核对使用性质。机动车使用性质主要有公路客运、公交客运、出租客运、旅游客运、租赁、货运、非营运、警用、消防、救护、工程抢险、营转非、出租营转非等。

(5)核对登记栏内是否注明该车已抵押。

(6)对于货运车辆核对其长、宽、高、轮距、轴距、轮胎的规格是否一致。

(7)核对现机动车登记证书持有人与受委托人是否一致。

图1-3 机动车登记证书

1.1.1.4 机动车号牌

机动车号牌是由公安机关车辆管理部门依法对机动车进行注册登记核发的号牌，它和机动车行驶证一同核发，其号码与行驶证应该一致。它是机动车取得合法行驶权的标志。

1.1.1.5 机动车检验合格标志

机动车必须进行安全技术检验，检验合格后，由公安机关发放合格标志。目前，全国已推行机动车检验标志电子化,在办理完机动车检验后,信息系统将自动推送检验标志电子凭证(图1-4),可通过互联网交通安全综合服务平台,或交管12123进行查看。

图1-4　机动车检验合格标志(电子凭证)

1.1.2　二手车税费

1.1.2.1　车辆购置税

车辆购置税是国家向所有购置车辆的单位和个人以纳税形式征收的一项费用。它的征收标准是按车辆计税价的10%计征,由车辆登记注册地的主管税务机关征收。其计算公式为

$$车辆购置税应纳税额=计税价格×10\%$$

1.1.2.2　车船税

根据规定,凡在我国境内拥有并使用车辆、船舶的单位和个人,应按规定缴纳车船税。车船的所有人或者管理人未缴纳车船税的,使用人应当代为缴纳车船税。

1.1.2.3 机动车保险费

1)交强险

交强险是我国法律规定实行的强制保险制度，是由保险公司对被保险机动车发生道路交通事故造成受害人(不包括本车人员和被保险人)的人身伤亡、财产损失，在责任限额内予以赔偿的强制性责任保险。交强险又称强制保险，有单独的保险单(图1-5)和标志。《机动车交通事故责任强制保险条例》第二条规定，在中华人民共和国境内道路上行驶的机动车的所有人或者管理人，应当依照《中华人民共和国道路交通安全法》的规定投保机动车交通事故责任强制保险。

保险单检查的主要内容：

(1)认真检查强制保险标志的年限、保险月份是否与强制保险单一致。

(2)查看保险单号的开头字母是否与各保险公司的保险单号开头一致。

(3)保险单上的官印应清晰，不能模糊。

图1-5 机动车交强险保险单

2)商业险

机动车商业险分为主险和附加险两大类。

主险包括机动车损失保险、机动车第三者责任保险、机动车车上人员责任保险。

附加险包括附加绝对免赔率特约条款、附加车轮单独损失险、附加新增加设备损失险、附加车身划痕损失险、附加修理期间费用补偿险、附加发动机进水损坏除外特约条款、附加车上货物责任险、附加精神损害抚慰金责任险、附加法定节假日限额翻倍险、附加医保外医疗费用责任险、附加机动车增值服务特约条款。

1.1.3 车辆唯一性核查

车辆的唯一性核查主要是比对行驶证与车辆是否对应，从而判断车辆的唯一性。其主要目的是初步判定二手车是否合法，判断车辆是否有盗抢或重大事故、非法维修等嫌疑，判断车辆是否属禁止交易范围。

（1）核查行驶证上记录的号牌号码是否与汽车牌照上的号码一致。

（2）核查行驶证上记录的VIN码是否与汽车铭牌（图1-6）、车体上打刻的号码（图1-7）一致，车上打刻的号码是否有改动、重新打刻的痕迹。

图1-6 机动车铭牌

图1-7 风窗玻璃左下沿处的VIN码

（3）核查车辆颜色与车身装置是否与行驶证上的车辆照片一致。

任务实施

1. 作业说明

教师为每组学生准备好二手车,包括各项相关手续,手续可以不全。学生针对现场二手车,逐项检查各项证明材料,并完成考核工单。

2. 技术标准与要求

项目	具体内容
车辆法定证件核查	
税费单据核查	
唯一性核查	

注:请学员查阅资料后填写。

3. 设备器材

(1)设备。

_____

_____

(2)常用工具。

_____

_____

(3)耗材及其他。

_____

_____

注:请学员根据场地实际设备器材填写。

4. 作业流程

(1)清点车辆的证件单据,确认没有遗漏。

(2)查验车辆法定证件。

(3)查验车辆税费单据。

(4)车辆唯一性核查。

5. 填写考核工单

1）核查车辆手续

检查内容		检查结果	是否与车辆相符
核查车辆基本信息	号牌号码		
	车辆类型		
	所有人		
	住址		
	品牌类型		
	使用性质		
	发动机号码		
	车辆识别号码		
	注册登记日期		
	发证日期		
核查车主基本信息	车主姓名		
	保养手册		
核查税费单据	车辆购置税完税凭证		
	车船使用税凭证		
	车辆的保险单		

2）判断是否属于可交易车辆

序号	检查项目	判别
1	是否达到国家强制报废标准	否　　是
2	是否为抵押期间或海关监管期间的车辆	否　　是
3	是否为人民法院、检察院、行政执法等部门依法查封、扣押期间的车辆	否　　是
4	是否为通过盗窃、抢劫、诈骗等违法犯罪手段获得的车辆	否　　是
5	发动机号与机动车登记证书登记号码是否一致，且无凿改痕迹	否　　是
6	车辆识别代号（VIN码）或车架号码与机动车登记证书登记号码是否一致，且无凿改痕迹	否　　是
7	是否为走私、非法拼组装车辆	否　　是
8	是否为法律法规禁止经营的车辆	否　　是

自我测试

(1) 机动车的法定证件都有哪些？

(2) 机动车的税费单据有哪些？

(3) 简述车辆唯一性判别的要点。

拓展学习

公安部改革新举措——全面推行车辆购置税信息联网

车辆购置税完税证明是办理机动车注册登记的法定凭证。购车登记之前需要先到税务网点缴税、开具车辆购置税完税证明纸质凭证，再到车管所办理登记，缴税登记多头往返，不经济、不方便，纸质凭证还存在丢失、污损等风险。2019年4月，公安部推出10项公安交管"放管服"改革新举措，其中第九条措施是全面推行车辆购置税信息联网。在原有4个省(市)试点的基础上，会同税务部门全面推进车辆购置税信息联网核对，公安交管部门办理机动车注册登记时网上核对购置税电子信息，群众不需再向公安交管部门提交纸质购置税完税或免税证明。购车人缴纳车辆购置税后，税务部门将购税信息实时传递至公安交管部门，购车人无需再提交纸质车辆购置税完税证明，车辆管理所可网上核查比对缴税信息，既减少手续资料，提高办理效率，方便群众登记上牌，又能有效杜绝利用伪造、变造车辆购置税完税证明办理车辆登记的违法犯罪行为。陕西省交警总队已与省税务局建立了车辆购置税信息联网机制，陕西税务部门的"电子税务局"车辆购税申报模块已于2019年6月1日正式上线运行。

任务 1.2

外观钣金涂装判别

任务引入

评估师王军在查验了车辆的各项手续后,确定该车手续齐全有效,属于可交易车辆,在与委托人签订了鉴定委托书后,开始技术鉴定工作。二手车技术鉴定项目繁多,评估师需要秉承认真细致的工作态度,对车辆由外而内进行全面检查。从车身外观钣金涂装入手检查,它是鉴定事故车及评估车辆价格的基础。那么,该如何检查车辆外部呢?

学习目标

(1)能列出不良涂装的种类。
(2)能说出钣金修复的操作流程。
(3)能判定车身漆面是否有过涂装维修。
(4)能判定车辆是否有过钣金维修。
(5)形成认真、细致的工作态度。
(6)学习树立严谨求实的工匠精神。

知识准备

1.2.1 外观涂装判别

1.2.1.1 涂装基础知识

漆膜的种类不同,其厚度是不同的。车身漆膜分为单工序素色漆膜、双工序素色漆膜、双工序金属漆膜、三工序珍珠漆膜、水性漆膜及修补过的漆膜等类型。

1)单工序的素色漆膜

传统单工序的素色漆从底到面的总膜厚约为 $80~\mu m$,其涂层结构如图 1-8 所示。

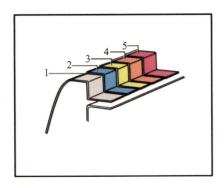

1—底材;2—磷酸锌涂层;3—电泳底漆;4—中间漆;5—面漆。

图 1-8 单工序素色漆原厂涂层结构

2)双工序的金属漆膜

双工序的金属漆从金属底材到表面的总膜厚约为 $100~\mu m$。漆膜抗刮、抗磨等机械性能好,光泽均匀。其涂层结构如图 1-9 所示。

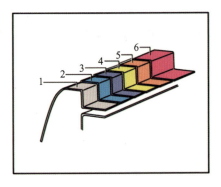

1—底材;2—磷酸锌涂层;3—电泳底漆;4—中间漆;5—金属面漆;6—清漆。

图 1-9 双工序金属色漆原厂涂层结构

3)修补涂装后的涂层结构

修补后的涂层是指损伤的漆膜表面,经涂装修复后要达到与原厂漆性能相近的漆膜。修补涂装过程中所用的原材料基本上为双组分的化学反应型涂料,采用室温固化或烘烤强制固化工艺。实际的维修情况与维修材料和维修技师的技术水平有直接关系,通常修补过的漆膜厚度会超过 $150~\mu m$。

1.2.1.2 不良涂装种类

修补喷漆时,因施工作业的环境、维修技师的技术水平等条件不同,完工后会与原车漆产生很大的差异,具体原因与喷漆前的底漆处理、喷漆的操作、涂料的状态、环境干燥条件等有关。下面列举几种常见的问题。

1）色差

在进行局部或区段喷漆时，因修补处与原厂的处理过程有差异，即使成分完全一致的面漆喷涂后仍会出现色差，特别是开了几年的车，车身颜色会随时间自然变化。后车门喷过漆的车辆如图1-10所示。

图1-10　后车门喷过漆的车辆

2）橘皮

橘皮也称流平不佳，是指在喷枪喷出的油漆颗粒经过雾化到达喷涂表面时，相互间不能再流动，从而不能使漆膜表面平滑，产生橘子皮似的皱纹，如图1-11所示。

图1-11　漆面橘皮现象

3）漆面流挂

它是指漆膜表面出现油漆流淌后凝固的状态，形成的原因是在喷涂后续漆层时，没有给前一次喷涂的漆层留出足够的干燥时间，如图1-12所示。

图1-12　漆面流挂现象

4)砂纸痕迹

车漆出现或粗或细的条纹就是砂纸打磨留下的痕迹,如图 1-13 所示,主要是由于打磨底漆时,砂纸的痕迹太深所导致的。这种情况往往需要仔细查看,因为有时候车漆表面看上去是光滑的。

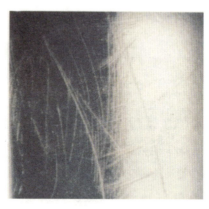

图 1-13　漆面留下的砂纸打磨痕迹

1.2.1.3　涂装修复检查要点

1. 遮蔽痕迹

汽车修补喷涂时,为了保护修补部位以外范围不受漆雾的污染,就要对非修补区域进行覆盖保护,这就是遮蔽,如图 1-14 所示。事故车辆喷漆时,有时为了节省人工,并不完全按照标准工序进行施工,因此在喷漆作业完成后,拆除遮蔽物,会在喷漆的周围留下一些未遮掩到的喷漆痕迹,如图 1-15 所示。这些痕迹若在喷漆后处理不好,就会成为判断再涂装的有力证据。

图 1-14　局部喷漆时用薄膜遮挡　　　图 1-15　车窗玻璃下边沿有留漆

2. 表面残留

一般的钣喷厂,因设备不完善,人工操作频繁,因此在进行涂装修复后,多少会存在不良涂装的问题。这些不良涂装,通常是指研磨抛光未能达到标准的地方。通过一些蛛丝马迹，会发现凡是进行过不良涂装修复的车身，表面都会呈现非镜面的状态，如图1-16所示。通常情况下，如发现有表面残留区域，用手轻轻触摸会感觉到明显的粗糙感，表面不光滑。

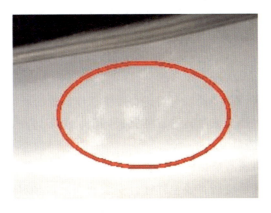

图1-16 表面残留

3. 表面折角的光滑度

新车在制造厂中喷漆时采用的是全车沉浸及静电涂装方式。因此，即使是在折角处，用手指触摸也感觉得出光滑度。一般的喷漆车间没有这种条件，故只能人工喷漆，角落处因不易抛光、打磨，容易产生粗糙的触感。如图1-17所示，可以用手触摸板件的折角处，如果能感受到明显的粗糙感，可判断为后喷涂车漆。

图1-17 检查发动机舱盖折角处的光滑度

1.2.2 外观钣金判别

1.2.2.1 汽车钣金修复方法

汽车钣金修复是指汽车发生碰撞后对车身进行修复，即除对车身进行防腐和装饰的喷涂工作外的其余所有工作。如汽车车身损伤分析，汽车车身测量，汽车车身钣金整形、拉伸校正，去应力焊接，以及汽车车身附件装配、调整等工作。简而言之，汽车钣金修复就是对出现故障和损坏的车体进行完全的修复。

维修人员不但要了解车身的技术参数和外形尺寸，更要掌握车身材料特性、受力的传递路径、车身变形趋势和受力点，以及车身的生产工艺（如焊接工艺）等。在掌握这些知识的基础上，维修人员还要借助先进的测量工具，通过精准的车身三维测量判断车身受损变形情况，以及因车身变形存在的隐患，制订出完整的车身修复方案，然后配合正确的维修工艺与准确的车身各关键点的三维尺寸数据，将车身各关键点恢复到原有的位置，使受损车身恢复到出厂时的状态。

钣金工作主要流程：

(1)部件拆解，将有可能涉及或是将进行喷漆工作部位的所有钣金件拆下。

(2)车体修复，将因撞击或翻转造成的铁板凹陷、梁架弯曲、尺寸位移等受损部件进行更换、拉伸、焊接等修复。

(3)钣金件修复，将所有破损的应修复钣金件进行粘接、焊接等外观及尺寸复原。

(4)部件安装，喷漆后将所有钣金件进行安装和固定，并对全部活动钣金部件进行测试。

1.2.2.2　熔接方法判别

1. 点焊熔接

电阻点焊已经成为汽车制造工业中的主要连接工艺方法，在汽车制造工业中发挥着不可替代的重要作用。目前汽车维修行业也开始使用电阻点焊，例如一些使用高强度、超高强度钢的部件，使用电阻点焊可以有效防止气体保护焊的热量破坏其内部结构，保证设计强度。

原厂焊点略呈圆形、略微凹陷、清晰光滑，焊点边缘凹凸不平，一块总成件上的焊点的间距大致相等且排列规则，如图1-18所示。由于成本低、操作简便等原因，汽车维修行业多采用二氧化碳气体保护焊进行维修作业，焊接后会形成突出的焊珠，需进行打磨处理，修复的焊点粗糙、排列不均匀。为了掩盖车辆有过事故经历，部分二手车商贩会对焊点作假。

图1-18　电阻焊点示意图

2. 二氧化碳熔接

焊接修复最常见的方法是二氧化碳气体保护焊。与其他电弧焊相比，其焊接成本低、操作简便、焊接质量高,目前在汽车维修行业中使用最为广泛。二氧化碳气体保护焊的效果如图 1-19 所示。

图 1-19　二氧化碳气体保护焊示意图

1.2.2.3　车身保护胶的判别

为了防止生锈及保护车身钢板,在水容易渗透的铁板接缝处涂抹封胶,并在车辆底部和轮室内侧喷涂一层厚厚的防石击涂料。当车辆受撞击变形时,有些点焊接合处会有撕裂现象,更换一些零件后必须在车身某些接合处涂敷车身密封胶,如车门、发动机舱盖等。

原厂焊缝密封胶的特点:封胶形状均匀、线条笔直流畅、材质具有弹性,如图 1-20 所示。将维修厂涂抹的密封胶和原厂密封胶相比较,维修厂涂抹的密封胶形状不均匀且柔软。各部位的接合处若是后涂的密封胶,则有很大可能是更换过的。

图 1-20　原厂焊缝密封胶

1.2.2.4　螺丝的拆卸痕迹判别

鉴定事故车的技巧有很多,除了看车漆、封胶之外,一颗小小的螺栓也是判断车辆是否发生过事故的关键。车身部件之间的组装除了焊接外,大多数还是用铆钉或是螺栓来固定的。

汽车的螺栓主要应用于前后杠固定、前发动机舱盖固定、前翼子板固定、车门固定等。

车辆事故易损伤部位：前后保险杠、前发动机舱盖、前后翼子板、四个车门、前照灯、散热器、行李箱。

维修时易动螺栓：前发动机舱盖、前发动机舱盖锁扣、前照灯、散热器、前后翼子板、四个车门、行李箱锁扣、行李箱盖固定螺栓。若有条件可观察发动机、变速箱、转向器固定螺栓。

所有的车身固定螺栓在原车出厂时，都是一次性固定牢靠的，如图1-21所示。而且一些关键部件，如发动机的固定，还需要按照严格的力矩来执行。一旦车辆出现事故，在修理车辆时，拧动螺栓拆卸并更换部件是常有的事。这些固定螺栓一旦被松动或更换后，基本都会留下痕迹。因此，通过判断车辆关键部位固定螺栓是否有拧动过的痕迹，也可以逆向判断车辆是否出现过事故。

1）是否有拧动痕迹

使用扳手进行螺栓拆卸，在拆卸的过程中由于拧动力矩不等，必然导致螺栓头部的棱处逐渐被打磨得更加圆滑，如图1-22所示。不过，也有技师在进行螺栓拆卸时，使用大一号的套筒，用棉布垫在套筒边缘，在进行拧动时避免将其打磨圆滑。

图1-21　原厂点漆螺栓

图1-22　螺栓有拧动痕迹

2）判断螺栓是否移位（是否有印痕）

在检查螺栓损伤情况的同时，也应注意螺栓的位置是否发生了偏移，螺栓底部有无露底现象。如使用保护工具进行拆装不会损伤螺栓的涂装表面，但是位置会发生偏移，出现露底现象。一般螺栓下面都会有垫片，一个人用力去拧动一个物体，然后再将其安装完毕，两次力的大小不同，物体与物体之间的位置关系会发生改变。这种方法方便判断车龄长的车辆，螺栓拧动后，螺栓与垫片之间、垫片与车体之间都会发生位置改变，通过长时间的风化，会在变动痕迹的周围有明显的泥沙痕迹。

3）检查漆层是否断裂

大多数汽车生产厂家使用的是涂装过的螺栓，作用是防锈和美观（保证外观整体的一致性）。少数日系车型使用的是未涂装的白螺栓（表面镀锌），所以容易生锈。对于出厂时已经进行涂装的螺栓，可通过漆层是否断裂来判断是否有过拆装经历。

4）检查涂装修复痕迹及新旧程度

原厂带涂装的螺栓拆卸后会发生漆层断裂的情况，为了避免生锈，会对螺栓重新涂漆，这样该螺栓相对于周围部件会新一些，所以可通过涂装修复痕迹和新旧程度判断是否有过拆装经历。

5）检查原厂标识

部分螺栓带有原厂标识，可通过查看原厂标识是否被破坏来判断螺栓是否拆装过。

任务实施

1. 作业说明

教师为每组学生准备好二手车，学生针对现场二手车，检查车身漆面及钣金件的状况，并完成考核工单。

2. 技术标准与要求

项目	具体内容
外观涂装判别	
外观钣金判别	

注：请学员查阅资料后填写。

3. 设备器材

(1) 设备。

_____

_____

(2) 常用工具。

_____

_____

(3) 耗材及其他。

_____

_____

注：请学员根据场地实际设备器材填写。

4. 作业流程

(1) 记录车辆基本信息。

(2) 检查车身漆面是否有异常并记录。

(3) 检查车身钣金件是否有异常并记录。

5. 填写考核工单

车辆基本信息				
二手车品牌		车型		制造日期
VIN 码				
检查项目				
检查部位	检查内容			
发动机舱盖	喷漆：□是 □否 凹陷：□有 □无	钣金：□是 □否 锈蚀：□有 □无	划痕：□有 □无 裂纹：□有 □无	
左前翼子板	喷漆：□是 □否 凹陷：□有 □无	钣金：□是 □否 锈蚀：□有 □无	划痕：□有 □无 裂纹：□有 □无	
右前翼子板	喷漆：□是 □否 凹陷：□有 □无	钣金：□是 □否 锈蚀：□有 □无	划痕：□有 □无 裂纹：□有 □无	
左前门	喷漆：□是 □否 凹陷：□有 □无	钣金：□是 □否 锈蚀：□有 □无	划痕：□有 □无 裂纹：□有 □无	
左后门	喷漆：□是 □否 凹陷：□有 □无	钣金：□是 □否 锈蚀：□有 □无	划痕：□有 □无 裂纹：□有 □无	
左后翼子板	喷漆：□是 □否 凹陷：□有 □无	钣金：□是 □否 锈蚀：□有 □无	划痕：□有 □无 裂纹：□有 □无	
行李箱盖	喷漆：□是 □否 凹陷：□有 □无	钣金：□是 □否 锈蚀：□有 □无	划痕：□有 □无 裂纹：□有 □无	
右后翼子板	喷漆：□是 □否 凹陷：□有 □无	钣金：□是 □否 锈蚀：□有 □无	划痕：□有 □无 裂纹：□有 □无	
右后门	喷漆：□是 □否 凹陷：□有 □无	钣金：□是 □否 锈蚀：□有 □无	划痕：□有 □无 裂纹：□有 □无	
右前门	喷漆：□是 □否 凹陷：□有 □无	钣金：□是 □否 锈蚀：□有 □无	划痕：□有 □无 裂纹：□有 □无	

自我测试

(1) 不良涂装的种类有哪些？再涂装的发现方法有哪些？

_____

_____

_____

(2) 车身胶线的检查方法有哪些？

_____

_____

_____

(3) 车身螺栓拆装痕迹的判断方法有哪些？

_____

_____

_____

_____

拓展学习

汽车车身激光焊接

　　汽车车身激光焊接是一种利用高能量密度激光束作为热源的高效精密焊接方法。利用激光的高温，使两块钢板中的分子结构被打乱，两块钢板中的分子重新排列，使之融为一体。由于连续激光焊接不需要像传统的点焊工艺那样使用板材的边缘叠焊，所以经常被汽车厂商用于车顶与车身之间的焊接，其具有外形美观、隔音、密封性能好等优点。只有当焊缝达到足够的长度时，激光焊接的抗拉强度才能超过点焊。换句话说，激光焊接的抗拉强度受焊缝长度和焊缝宽度等因素的影响，而点焊的抗拉强度与焊点的数量和间距等因素密切相关。所以仅凭名称是无法确定孰强孰弱的。因为激光焊接的毒性和危险性都很高，而且需要专门的独立封闭的工作区域，所以老厂房很难再增加这种设备。在车辆制造过程中，门部件、底梁部件甚至行李箱盖部件可以应用激光焊接。可以看出，激光焊接是车身制造过程中一种常见的基板连接方式。

任务 1.3

总成零部件更换判别

任务引入

车辆在发生较为严重的碰撞后，无法用常规方法进行修复，更换部件就成了唯一的方法。因此，在鉴定二手车时需要对车辆总成零部件进行检查，如果有更换或拆卸痕迹，那么车辆可能发生过较为严重的碰撞事故。总成零部件更换判别是车辆技术状况鉴定的重要检查项目。那么，该如何检查和判断总成零部件是否有过拆卸呢？

学习目标

(1) 能说出外观总成件的检查要点。
(2) 能判定车辆外观总成件是否进行过更换。
(3) 能判定发动机、变速箱是否进行过拆装。
(4) 形成认真、细致的工作态度。
(5) 学习严谨求实的工匠精神。

知识准备

1.3.1 发动机舱盖的更换检查

发动机舱盖位于发动机舱两翼子板之间，用于保护发动机免受灰尘和湿气侵袭，也能吸收发动机噪声。典型的发动机舱盖由一块外板和内板构成。内、外板外部边缘用点焊连接，内、外板的结合面用胶黏剂粘接到一起。

如果车辆的前部发生过较为严重的碰撞，就需要更换发动机舱盖。因此，我们可以通过发动机舱盖的修复更换来推测车辆前部是否发生过事故。

是否更换过发动机舱盖的主要鉴定方法：

(1)观察发动机舱盖内的标贴是否存在(并不是所有车型都贴在发动机舱盖上,有些车型贴在散热器框架上),喷漆修复或更换过发动机舱盖后标贴就不复存在。发动机舱盖标贴如图1-23所示。

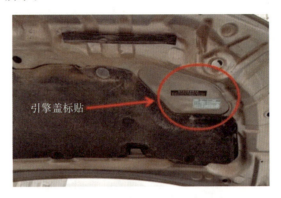

图1-23　发动机舱盖标贴示意图

(2)观察发动机舱盖铰链上的螺栓是否拆装过,如果发动机舱盖铰链上的螺钉拧动过,发动机舱盖有修复过的痕迹,发动机舱盖就可能更换过。如图1-24所示,发动机舱盖的固定螺栓为原厂螺栓,而图1-25中的螺栓漆层被破坏,边缘变得圆滑,有拧动的痕迹。

图1-24　发动机舱盖的固定螺栓为原厂螺栓　　　图1-25　发动机舱盖螺栓漆层被破坏

1.3.2　前翼子板的更换检查

大部分车型的前翼子板是与轮毂焊接结构总成、下底大边、A柱等钣金零件用螺栓连接在一起的。很多汽车制造商为了显示自己人性化的设计,一般都会预留多个螺栓位置,只要两侧对称,空的也是没有问题的。图1-26为螺栓更换后的状态,有拧动痕迹，产生移位且漆层断裂。

图 1-26　前翼子板螺栓有拧动痕迹

1.3.3　车门的更换检查

通常车辆发生小的刮擦不需要把车门拆下来修复，发生大的碰撞时车门必须拆下来或者更换，所以检查车门螺栓非常重要。在车门侧或门柱侧的螺栓头上，可能会发现有涂层剥落的痕迹，此时要注意是否为拆装车门。有漆面的螺栓很好辨别，而日系车的螺栓一般不带漆面，只能看有无黑色印记。图 1-27 为原厂车门螺栓，图 1-28 中的螺栓漆层脱落，有拧动痕迹。

图 1-27　车门螺栓是原厂状态

图 1-28　车门螺栓有拧动痕迹

1.3.4　行李箱盖的更换检查

一般的追尾事故可能会造成行李箱盖的维修，如果是更为严重的事故，就要更换行李箱盖了，这时就需要拆下进行更换。与发动机舱盖的检查方法类似，行李箱盖的更换检查也是通过检查螺栓是否有拧动痕迹来判断的，从而推断尾部是否发生过较为严重的事故。图1-29是原厂行李箱螺栓，图1-30中的螺栓漆面有断裂，有拧动痕迹。

图1-29 行李箱螺栓是原厂状态

图1-30 行李箱螺栓有拧动痕迹

1.3.5 发动机的拆卸检查

首先检查发动机的机脚是否有拆卸痕迹，因为一般的维修是不会动发动机机脚的，除非大修发动机，需要将发动机从车身分离，因此可以通过检查发动机支架上的螺栓是否有拧动痕迹来判断发动机有无拆装，如图1-31所示。需要注意的是，对于年份比较大或者公里数比较多的二手车，发动机的机脚橡胶会老化，所以要进行更换，因此如果发现机脚有拆卸过，不要着急下定论，还需要结合车况进一步检查。

其次，检查气门室盖、水泵、进气管、排气管等外围附件的螺栓有没有拧动痕迹，从而可以判断发动机是否进行过维修，如图1-32所示。

图1-31 发动机支架螺栓有拧动痕迹

图1-32 发动机进气管螺栓有拧动痕迹

1.3.6 变速箱的拆卸检查

同样的，判断变速箱有无拆装需要检查变速箱的支架是否有拆卸痕迹，如图 1-33 所示，通过举升车辆可以找到变速箱支架上的螺栓，通过检查螺栓的状态来推断变速箱是否有过拆装。由于维修变速箱时需要将其从发动机上拆下，因此还需要检查发动机与变速箱的连接处螺栓是否拧动过，如图 1-34 所示。

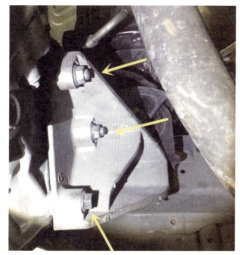
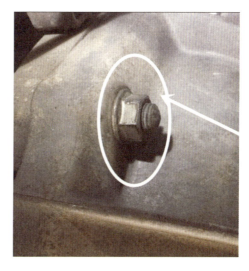

图 1-33　变速箱支架螺栓示意图　　图 1-34　变速箱与发动机连接处的螺栓有拧动痕迹

1.3.7 仪表板的拆卸检查

对于一些技术比较陈旧的二手车，很难通过仪器去调整表盘读数。如果想要调表，那么一定会拆卸仪表板，所以，如果仪表板与内饰接缝处存在被撬动的痕迹或仪表台螺丝存在被拧动过的痕迹，那么这台车被调表的可能性就很大。图 1-35 为奥迪 A4 的仪表板拆装螺丝位置示意图。

图 1-35　奥迪 A4 仪表板的拆装螺丝位置示意图

任务实施

1. 作业说明

教师为每组学生准备好二手车,学生针对现场二手车,检查车身主要总成件的状况,并完成考核工单。

2. 技术标准与要求

项目	具体内容
发动机舱盖更换判别	
前翼子板更换判别	
车门更换判别	
行李箱盖更换判别	
发动机拆卸判别	
变速箱拆卸判别	
仪表板拆卸判别	

注:请学员查阅资料后填写。

3. 设备器材

(1)设备。

_____

_____

(2)常用工具。

_____

_____

(3)耗材及其他。

_____

_____

注:请学员根据场地实际设备器材填写。

4. 作业流程

(1) 登记车辆基本信息。

(2) 检查发动机舱盖是否有拆卸。

(3) 检查前翼子板是否有拆卸。

(4) 检查车门是否有拆卸。

(5) 检查行李箱盖是否有拆卸。

(6) 检查发动机是否有拆卸。

(7) 检查变速箱是否有拆卸。

(8) 检查仪表板是否有拆卸。

自我测试

(1) 判断发动机舱盖更换的方法有几种？

_____
_____
_____
_____
_____

(2) 如何判断前翼子板是否被更换过？

_____
_____
_____
_____
_____

(3) 如何判断车门是否被更换过？

_____
_____
_____
_____
_____

5. 填写考核工单

车辆基本信息					
二手车品牌		车型		制造日期	
VIN 码					
检查项目					
检查部位	检查内容				
发动机舱盖	拆卸：☐是 ☐否　　描述：_____				
左前翼子板	拆卸：☐是 ☐否　　描述：_____				
左前门	拆卸：☐是 ☐否　　描述：_____				
左后门	拆卸：☐是 ☐否　　描述：_____				
左后翼子板	拆卸：☐是 ☐否　　描述：_____				
行李箱盖	拆卸：☐是 ☐否　　描述：_____				
右后翼子板	拆卸：☐是 ☐否　　描述：_____				
右后门	拆卸：☐是 ☐否　　描述：_____				
右前门	拆卸：☐是 ☐否　　描述：_____				
发动机	拆卸：☐是 ☐否　　描述：_____				
变速箱	拆卸：☐是 ☐否　　描述：_____				
仪表板	拆卸：☐是 ☐否　　描述：_____				

拓展学习

新一代奥迪 A8 的车身制造工艺

据国际研究机构试验表明，如果汽车整车质量降低 10%，燃油效率可提高 6%～8%；汽车整车质量每减少 100 kg，百公里油耗可降低 0.3～0.6 L，因此汽车轻量化成为大势所趋。

新一代奥迪 A8 车身材料达到 4 种，并首次应用了碳纤维复合材料（图 1-36）。车身的整体框架由铝型材搭建，关键部位采用铝制铸件进行连接，保证结构强度，车身表面采用铝制钣金件。为了进一步降低车身重量，车厢后部采用了碳纤维材料，车厢部分采用高强度合金钢。多种材质的应用意味着车身的连接方式需要进行改进和优化，新一代奥迪 A8 车身的连接方式达到了 14 种，其中包括 MIG 焊、远程激光焊等 8 种热连接技术和冲铆连接、卷边连接等 6 种冷连接技术。

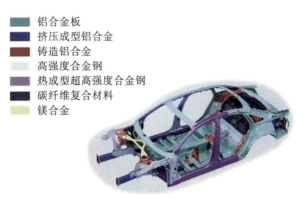

图 1-36　新一代奥迪 A8 车身结构材料示意图

任务 1.4

碰撞事故车判别

任务引入

某顾客欲购入一辆二手丰田轿车，委托行业专家对其进行技术鉴定，经综合鉴定评估后，确认该车为事故车。专家是如何判别的呢？

学习目标

（1）掌握事故车判别标准。
（2）掌握事故车检查步骤。
（3）能够结合事故车的 5 种缺陷状态，准确判断实车情况。
（4）通过本任务的学习，树立事故车鉴定定性、定量的意识，培养操作规范、客观独立的好习惯。
（5）用负责、执着、追求完美和极致的态度对待职业与岗位，树立职业敬畏感、认同感。在把握基本规律方法的前提下，紧跟时代步伐，顺应行业发展，思维创新与技术创新同行，培养守正创新的意识。

知识准备

1.4.1 事故车定义

事故车一般是指经过严重撞击、泡水、火烧等，即使修复也仍存在安全隐患的车辆总称。它具备以下两个特征：①事故车安全隐患事关人身安全；②车辆事故损伤不可还原。

1.4.2 事故车判别标准

一辆车的结构部件、车身骨架(图1-37)因碰撞导致出现车体部位变形、扭曲、更换、烧焊、褶皱(表1-1),即判断该车为事故车,不作损伤程度描述。

图1-37 车身安全部件

表1-1 5种缺陷状态及代码

代码	描述
BX	变形
NQ	扭曲
GH	更换
SH	烧焊
ZZ	褶皱

1.4.3 事故车检查步骤

下面以4门轿车为例,详细说明事故车辆的八步检查流程(图1-38)。

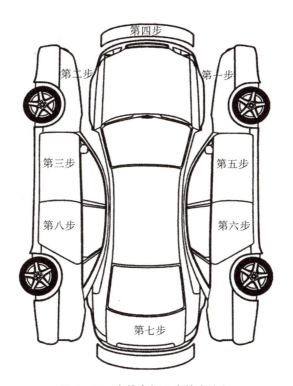

图 1-38 事故车辆八步检查流程

(1)第一步、第二步(表 1-2)。

表 1-2 右前方 45°角和左前方 45°角

项目	具体内容
检查部位	车体覆盖件,轮胎定位
检查流程	由远(距车前 2 m 处 45°角)及近(1 步 45°角),远观
基本动作	先站后蹲,从下到上,视线与腰线平行
检查方法	目测,大致记录,在检查到具体部件时再仔细鉴定
检查内容及要求	(1)检查项目:车体左右对称性; (2)检查记录:是否存在 5 种缺陷描述情况; (3)扣分标准:直接判断为事故车
检查要点	(1)观察车身线条(腰线)是否流畅; (2)观察各个部件接缝处是否均匀; (3)检查前后车门、翼子板是否变形,是否有明显修复痕迹,有无色差; (4)观察轮胎位置与倾斜角度; (5)观察左、右部件是否对称

(2)第三步(表1-3)。

表1-3 左A、B柱检查

项目	具体内容
检查部位	左A柱、左B柱
检查流程	开启车门,近看左A柱、左B柱、车顶和门槛形成的框架范围
基本动作	由左A柱与车顶支柱交界处起顺时针查看一周
检查方法	目测
检查内容及要求	(1)检查项目:左A柱,左B柱; (2)检查记录:是否存在5种缺陷描述情况; (3)扣分标准:直接判断为事故车
检查要点	检查门槛、左A柱、左B柱有无变形、切割、钣金修复及喷涂状况,车门铰链螺栓有无拧动痕迹,封胶、胶条、焊点状况

(3)第四步(表1-4)。

表1-4 车头部分右前纵梁、左前纵梁、右前减振悬挂、左前减振悬挂

项目	具体内容
检查部位	前纵梁、前减振器悬挂
检查流程	开启发动机盖,近看发动机舱内部情况
基本动作	从发动机盖右侧铰链开始逆时针查看发动机舱
检查方法	目测
检查内容及要求	(1)检查项目:右前纵梁,左前纵梁,左前减振器悬挂部分,右前减振器悬挂部分; (2)检查记录:是否存在5种缺陷描述情况; (3)扣分标准:直接判断为事故车
检查要点	检查纵梁有无变形、切割及吸能孔变形情况,减振器悬挂螺栓有无拧动痕迹,封胶、焊点状况

(4)第五步(表1-5)。

表1-5 右A、B柱检查

项目	具体内容
检查部位	右A柱、右B柱
检查流程	开启车门,近看右A柱、右B柱、车顶和门槛形成的框架范围
基本动作	由右A柱与车顶支柱交界处起顺时针查看一周
检查方法	目测
检查内容及要求	(1)检查项目:右A柱,右B柱; (2)检查记录:是否存在5种缺陷描述情况; (3)扣分标准:直接判断为事故车
检查要点	检查门槛、右A柱、右B柱有无变形、切割、钣金修复及喷涂状况,车门铰链螺栓有无拧动痕迹,封胶、胶条、焊点状况

(6)第六步(表1-6)。

表1-6 右B柱、右C柱检查

项目	具体内容
检查部位	右B柱、右C柱
检查流程	开启车门,近看右B柱、右C柱、车顶和门槛形成的框架范围
基本动作	由右B柱与车顶支柱交界处起顺时针查看一周
检查方法	目测
检查内容及要求	(1)检查项目:右B柱,右C柱; (2)检查记录:是否存在5种缺陷描述情况; (3)扣分标准:直接判断为事故车
检查要点	检查门槛、右B柱、右C柱有无变形、切割、钣金修复及喷涂状况,车门铰链螺栓有无拧动痕迹,封胶、胶条、焊点状况

(7)第七步(表1-7)。

表1-7 后部检查

项目	具体内容
检查部位	左后减振器悬挂、右后减振器悬挂
检查流程	开启后备箱盖,查看左后减振器悬挂、右后减振器悬挂情况
基本动作	打开后备箱盖、掀开饰板查看后减振器情况
检查方法	目测
检查内容及要求	(1)检查项目:左后减振器悬挂部分,右后减振器悬挂部分; (2)检查记录:是否存在5种缺陷描述情况; (3)扣分标准:直接判断为事故车
检查要点	检查减振器悬挂螺栓有无拧动痕迹,封胶、焊点状况,是否存在变形、切割焊接痕迹

(7)第八步(表1-8)。

表1-8 左B柱、左C柱检查

项目	具体内容
检查部位	左B柱、左C柱
检查流程	开启车门,近看左B柱、左C柱、车顶和门槛形成的框架范围
基本动作	由左B柱与车顶支柱交界处起顺时针查看一周
检查方法	目测
检查内容及要求	(1)检查项目:左B柱,左C柱; (2)检查记录:是否存在5种缺陷描述情况; (3)扣分标准:直接判断为事故车
检查要点	检查门槛、右B柱、右C柱有无变形、切割、钣金修复及喷涂状况,车门铰链螺栓有无拧动痕迹,封胶、胶条、焊点状况

1.4.4 事故车辆动态行驶中的问题

车辆经过事故碰撞后造成骨架变形,四个车轮,特别是两前轮的定位发生改变,严重时无法完全修复,会留有以下"后遗症":

(1)跑偏。因车轮定位改变,无法调整、恢复到正常的水平,故行驶中会出现"跑偏"的现象,结合静态时车身的检查情况,就比较容易确定事故情况。

(2)整体性能下降。碰撞带来的冲击力会使车身变形，特别是框架处变形后无法恢复到原始状态，会带来车门松动、密封性变差等问题，容易在行驶过程中发出“哐哐”声，另外车身骨架的切割、焊接、替换会使车身的固有频率发生改变，可能导致发动机转速在某一区域时车身振动加大，如在行驶中发现此类问题就有必要考虑事故情况，结合静态检查来分析判断。

任务实施

1. 作业说明

按照“1+X”汽车营销评估与金融保险服务技术(中级)职业技能中的工作任务——机动车(二手车)评估与鉴定的职业技能要求，在实际业务操作中，采用“事故车辆八步检查流程”，完成碰撞事故车的判别工作。

2. 技术标准与要求

项目	具体内容
事故车5种缺陷状态	
车身骨架检查项目	

注：请学员查阅“碰撞事故车判别”资料后填写。

3. 设备器材

(1)鉴定评估设备。

____

____

(2)耗材及其他。

____

____

注：请学员根据场地实际设备器材填写。

4. 作业流程

依据“事故车判别标准”与“事故车检查步骤”，完成事故车判别作业，并记录信息。

5. 填写考核工单

一、查询并填写车辆信息

品牌		整车型号		生产年月	
发动机型号		发动机排量		变速箱类型	
行驶里程		车牌号		车主姓名	
车辆识别码					

二、检查车体骨架并以代码形式记录检查结果

代码	BX	NQ	GH	SH	ZZ
描述	变形	扭曲	更换	烧焊	褶皱

检查项目	检查结果	检查项目	检查结果
车辆左右对称性 （车辆右前方45°）		车辆左右对称性 （车辆左前方45°）	
左A柱		左B柱	
左C柱		右A柱	
右B柱		右C柱	
左前纵梁		右前纵梁	
左前减振器悬挂		右前减振器悬挂	
左后减振器悬挂		右后减振器悬挂	
缺陷描述			
事故判定		□事故车	□正常车

自我测试

(1) 发生碰撞事故的车辆就是事故车吗？

_____

_____

_____

(2) 车辆 A、B、C 柱有什么作用？

_____

_____

_____

(3) 为什么车辆的前、后纵梁受到损伤后，即使修复，车辆的安全性也会大大降低？

_____

_____

_____

拓展学习

科技创新＋数智驱动，全面深耕事故车供应链

"事故车"可以交易吗？在二手车交易市场中不建议大家购买"事故车"，主要是因为虽然经过修复的事故车，看起来和普通二手车基本没什么区别，但再次出现事故时，修复的事故车必然无法达到原厂设定的防护状态和效果，因此存在较大的安全隐患。

但是我们却经常能够看到"越来越多的人愿意去购买事故修复车"的新闻，这是怎么回事呢？其实这里所说的"事故修复车"主要指的是轻微碰撞的车，也就是这些车没有伤及车辆的结构部件和车身骨架，比起未出过事故的二手车它们的售价和贬值率低，买回去维修后，和正常车辆没有什么区别，所以受到许多事业刚刚起步的年轻人和汽车租赁、卖拆车件的商家的青睐。

汽车营销评估与金融保险**服务技术**

目前，我国有很多事故车交易平台，在这些交易平台中可进行事故车交易、求购事故车配件等。但事故车供应链仍呈现出高度分散、"规模不经济"的特征，这就需要我们围绕产业链核心需求持续深耕，通过产品创新、模式创新、数字运营与资源导入，实现行业的价值共生整合与发展。

任务 1.5

泡水车判别

任务引入

每年全国多地会发生不同程度的洪涝灾害，大量汽车被水浸泡，车主为了降低损失往往选择出售泡水车，导致大量泡水车涌入交易市场，扰乱市场交易秩序，危害消费者生命安全。为了保障消费者权益与安全，切实践行二手车鉴定评估师职责，守住泡水车流入市场的最后一道防线，面对"金玉其外败絮其中"的泡水车，我们该如何"去伪存真"，练就一双"火眼金睛"呢？

学习目标

（1）掌握泡水车的典型特征。
（2）掌握泡水车的检查作业流程和检查要点。
（3）能够根据各类汽车的实际状况准确判断其是否为泡水车。
（4）通过本任务的学习，培养从车辆整体外观和细节两个方面来鉴别车辆的意识，培养"按流程、抓重点"的工作习惯。
（5）树立法律意识，遵纪守法，践行《二手车流通管理办法》规定。在二手车交易过程中应当遵守诚实信用原则，规范服务，做到信息客观、真实、公正和公开。在把握基本规律方法的前提下，紧跟时代步伐，顺应实践发展，思维创新与技术创新同行，培养守正创新的意识。

知识准备

1.5.1 泡水车定义

泡水车就是被水浸泡过的车辆。水淹高度是确定水淹损失程度的一个重要参数，按照损害严重程度将泡水车分为水浸车、水淹车、水泡车3种类型(图1-39)。水浸车是指水深超过车轮,并涌入了车内。水淹车是指水深超过了仪表盘。水泡车指积水漫过车顶。所以注意区分水泡车与泡水车之间的区别,水泡车只是泡水车当中的一种类型。

还需区分的是,由于在后续车辆使用过程中不会存在安全隐患,所以图示中的涉水车(水深在制动盘和制动毂下沿以上,车身地板以下,乘员舱未进水)不属于泡水车。

图1-39 轿车水淹高度分级

1.5.2 泡水车危害

泡水车主要有电子控制系统、润滑系统、车内装饰、翻新旧件等方面的危害。

1.5.2.1 电子控制系统

一辆车能在路上正常行驶,不仅仅依靠发动机和四个车轮,车上的电子控制系统也起着至关重要的作用。但是像电控单元(ECU)、防抱死制动系统(ABS)、安全气囊系统(SRS)、全球定位系统(GPS)等电子器件是不能进水的,如果进水,会造成计算机ECU内部IC电路板短路,插头端子产生锈斑,金属部分产生锈蚀,电路产生接触不良现象,甚至会引起短路或者车辆自燃。泡水车还会出现电子屏不亮、方向盘按键失灵、电动踏板失灵、发动机故障灯及安全气囊灯常亮、车辆突然熄火、安全气囊无法打开等问题,所以泡水车存在安全隐患。

1.5.2.2 润滑系统

四轮轴承密封件内含有润滑油,如果经雨水浸泡后不更换,油会变质,起不到润滑作用,影响行车安全。当润滑不足时,车辆可能会产生异响,严重时活塞连杆会变形,导致发动机运转不稳定,活塞连杆可能会出现折断或者把活塞本体(气缸壁)顶穿,造成发动机直接报废。

1.5.2.3 车内装饰

车辆内饰大部分采用实木装饰,浸泡过久会造成材质变形。地毯、座椅也会粗糙、有异味,容易滋生细菌。

1.5.2.4 翻新旧件

泡水车维修费用很高，保险公司一般不会全额理赔，所以不少车主为了降低维修成本，对配件以次充好、偷工减料，比如全车不安装安全气囊等。有安全隐患的车辆在简单翻修后，经过15天左右的暴晒，外观看不出异常，随后大量流入二手车市场，扰乱了二手车交易市场秩序，危害二手车车主的用车安全，损害消费者权益。

除上述危害以外，像发动机、排气管这些温度较高的部位在泡水后，由于快速降温，也可能会发生变形，这就增加了很多不平衡应力，从而影响这些部件的使用寿命。而且车辆被污水腐蚀后，损伤的金属如果没有及时进行钣金补漆处理，就很容易伤及车身结构。齿轮、皮带等部件也有可能会被泥沙所覆盖，而这些都是没有办法处理干净的，为今后的用车埋下安全隐患。

1.5.3 泡水车特征

泡水车具有发酵异味、生锈氧化、泥浆积土等特征。

1.5.3.1 发酵异味

车辆泡过水，一般都会残留一些霉味、腐烂变质的味道，有的是来自污水所含的臭味，有的是车辆本身塑料、皮革，经过相当长时间的泡水，发酵产生的气味。同时经过长时间的泡水后，车身各处也会有霉斑污点的残留（图1-40）。

图1-40　车辆霉斑污点

1.5.3.2 生锈氧化

车辆结构及其零件大部分是由金属构成的，如果没有经过特殊处理，遇水就会产生氧化、生锈。因此，长时间泡水的车辆，会有异常的锈蚀痕迹（图1-41）。

图1-41 车辆零部件锈蚀

1.5.3.3 泥浆积土

车辆遭遇泡水状况的时候,意外形成的水压夹带泥浆、土浆进入,而车辆线束、保险盒、发电机、散热器、翼子板等部位的缝隙相对来说比较小,泥沙会随着水流进入这些狭小的缝隙里,所以这些缝隙里有泥沙淤积就是泡水车最好的印证(图1-42)。

图1-42 发动机舱泥浆积土

1.5.4 泡水车鉴别方法

通过"看、闻、摸、查"4个方法,从驾驶舱(表1-9)、行李箱(表1-10)、底盘(表1-11)、发动机舱(表1-12)4个方面鉴定车辆是否为泡水车。

表1-9 驾驶舱

检查位置	查看项目
安全带	霉斑、水印、更换、生产日期
座椅	泥沙、发霉、异味、手感
座椅滑轨(固定螺栓)	泥沙、锈蚀、异响、拆卸
地毯	发涩、发硬、起球、霉味、水印
踏板、转向柱	锈蚀、异响
音响、空调开关	发涩、回弹无力
空调出风口	泥沙、锈蚀
显示屏	亮暗不均、色斑
仪表板内部	泥沙
点烟器底座	水印、锈蚀、清理痕迹
安全气囊、气帘	是否存在
车内、车顶饰板	水印、泥沙

表 1–10　行李箱

检查位置	查看项目
行李箱盖及其边角	泥沙、锈蚀
随车工具	锈蚀
备胎及固定螺栓	锈蚀
行李箱装饰盖板	泥沙、锈蚀

表 1–11　底盘

检查位置	查看项目
底盘金属部件	锈蚀、清理/修复痕迹
发动机底壳	锈蚀、清理/修复痕迹
变速箱底壳	锈蚀、清理/修复痕迹
排气管	锈蚀
后备箱排水塞	扭动、打开痕迹
悬挂组件固定螺栓	锈蚀
刹车盘、挡板	锈蚀

表 1–12　发动机舱

检查位置	查看项目
发动机舱盖隔音棉及防火墙隔音棉	水印、泥沙、霉斑、破损
蓄电池	水印、泥沙、锈蚀
熔丝盒	水印、泥沙、更换/维修痕迹
水箱、水箱罩板及水管接头	泥沙、锈蚀
空调散热器片	泥沙、锈蚀
大灯	水雾、水印

> 任务实施

1. 作业说明

按照"1+X"汽车营销评估与金融保险服务技术(中级)职业技能中的工作任务——机动车(二手车)评估与鉴定的职业技能要求,在实操业务操作中,采用"泡水车鉴别方法"完成泡水车的判别工作。

2. 技术标准与要求

项目	具体内容
驾驶舱检查位置与查看项目	
行李箱检查位置与查看项目	
底盘检查位置与查看项目	
发动机舱检查位置与查看项目	

注:请学员查阅"泡水车判别"资料后填写。

3. 设备器材

(1)鉴定评估设备。

_____

_____

(2)耗材及其他。

_____

_____

注:请学员根据场地实际设备器材填写。

4. 作业流程

根据泡水车鉴别方法与检查要点,制订泡水车检查工作计划,完成泡水车判别作业,并记录信息。

5. 填写考核工单

一、查询并填写车辆信息					
品牌		整车型号		生产年月	
发动机型号		发动机排量		变速箱类型	
行驶里程		车牌号		车主姓名	
车辆识别码					

二、检查车辆并记录检查结果		
	检查项目及结果	
1. 打开左前车门（驾驶位）/行李箱盖	驾驶室（内饰）气味	发霉味：□有　□无 结果描述： _____ _____
	行李箱气味	发霉味：□有　□无 结果描述： _____ _____
2. 打开发动机舱	散热器、线束结合部位、各设备接缝处	污泥：□有　□无 锈蚀：□有　□无 水淹痕迹：□有　□无 结果描述： _____ _____
	防火墙	污泥：□有　□无 霉斑：□有　□无 破损：□有　□无 水淹痕迹：□有　□无 结果描述： _____ _____

续表

	蓄电池、熔丝盒	污泥：□有　□无 锈蚀：□有　□无 更换/维修痕迹：□有　□无 结果描述： _____ _____
3. 检查驾驶室（内饰）	前排座椅滑轨、后排座椅底部金属部件	锈蚀：□有　□无 结果描述： _____ _____
	驾驶室内底板	污泥：□有　□无 水淹痕迹：□有　□无 结果描述： _____ _____
	安全带	污泥：□有　□无 水淹痕迹：□有　□无 结果描述： _____ _____
	制动踏板连接处	锈蚀：□有　□无 水淹痕迹：□有　□无 结果描述： _____ _____
	加速踏板连接处	锈蚀：□有　□无 水淹痕迹：□有　□无 结果描述： _____ _____

续表

	音响、空调、点烟器	污泥：□有　□无 锈蚀：□有　□无 结果描述： _____ _____
	显示屏	两色不均：□有　□无 色斑：□有　□无 结果描述： _____ _____
	安全气囊、安全气帘	安全气囊：□有　□无 安全气帘：□有　□无 结果描述： _____ _____
4. 检查前后风窗玻璃缝隙	前风窗玻璃缝隙（车内部）	污泥：□有　□无 结果描述： _____ _____
	后风窗玻璃缝隙（车内部）	污泥：□有　□无 结果描述： _____ _____
5. 检查车灯	大灯灯罩	水雾：□有　□无 水印：□有　□无 结果描述： _____ _____
6. 检查行李箱	行李箱两侧缝隙	污泥：□有　□无 锈蚀：□有　□无 结果描述： _____ _____

续表

	备胎轮毂	污泥：□有　□无 锈蚀：□有　□无 结果描述： _____ _____
	随车工具	污泥：□有　□无 锈蚀：□有　□无 结果描述： _____ _____
7. 检查底盘	举升高度	
	注意事项	举升车辆过程中，车底禁止站人
	发动机底壳、变速箱底壳	锈蚀：□有　□无 清理/修复痕迹：□有　□无 结果描述： _____ _____
	排气管	锈蚀：□有　□无 结果描述： _____ _____
	悬挂组件固定螺栓	锈蚀：□有　□无 结果描述： _____ _____
	后备箱排水塞	扭动、打开痕迹：□有　□无 结果描述： _____ _____

汽车营销评估与金融保险服务技术

自我测试

(1) 列举泡水车的特点。

(2) 新车有可能是泡水车吗？

(3) 泡水车可进行二手交易吗？

拓展学习

环宇汽车用"诚信"助力重庆二手车行业蓬勃发展

中国汽车流通协会数据统计显示，2021年国内二手车交易量达1758.5万辆，而2021国内新车全年销量为2627.5万辆，由此可见，二手车行业是汽车流通中无比重要的一环。但行业发展方式粗放，经营行为不规范，产品信息不对称，价格不透明、消费者不信任等行业顽疾难以破除。挣钱商家不诚信，诚信商家不挣钱，造成劣币驱逐良币的现象。要解决行业"痛点"，二手车诚信体系建设工作成了一个全新的研究课题，以往其他省市虽然也发起过诚信联盟、诚信公约等倡议，但并无具体的流程或规范，实施起来可操作性不强，都以自我理解为实施依据，以行为自律作为诚信支点，最后不了了之。

重庆环宇汽车重新制订了二手车诚信标准，对其赋予了新的理念，被二手车流通协会评为"重庆市二手车诚信经营示范基地"。

(1)产品标准化：二手车产品在行业中往往有"一车一况、一车一价"的说法，要将产品标准化是一项非常具有挑战性的工作。环宇汽车结合《手册》的指导，对自身产品进行了标准化打造的工作，建立了入场标准、整备标准、美容标准，并联合第三方鉴定评估机构制定了检测标准。其中对展厅销售的产品坚持"6年，12万千米内"的产品标准。凡是不符合这一规定的产品均不能进入展厅进行销售。同时坚决对检测标准定义下的火烧车、泡水车、事故车说"不"，给消费者带来有质量的产品是环宇汽车自我追求的目标之一。

(2)车况透明化：对于在公司展厅内销售的产品，环宇汽车均通过第三方鉴定评估机构对产品进行全方位的车况检测，将真实车况告知消费者，并将车况检测报告作为合同附件交予消费者，以对产品负责的态度对待每一位环宇的购车消费者。这一行为有力地解决了消费者与商家间产品信息不一致，以次充好，对重大车况隐瞒不报等现象，让消费者和企业在同一个公平、公开、公正的平台上进行交易。

通过诚信经营建设，将诚信试点工作真正落到实处，并取得良好的社会和经济效应。①客户信任。随着政府部门正面的引导及舆论宣传，到环宇看车的客户明显增加，很多客户都是冲着诚信试点单位来店咨询，最后顺利成交，环宇的客户转化率较以前明显上升。②品牌力得到体现。通过品牌塑造，环宇产品的质量得到客户认同，大部分客户认为，二手车这样的产品多一点价格上的付出，收获质量品质的保障是划算的，因此环宇的品牌卖出了品质、卖出了溢价。③信息透明。结合第三方权威的认证报告，环宇将产品情况毫无保留地告知客户，使客户对所购产品了然于心，对产品的抱怨降到几乎为0，同时退车、换车要求也明显减少，客户与环宇的黏度大大加强。

同时环宇汽车起到了很好的行业示范作用：①二手车诚信建设深度影响了二手车市场的经营管理。环宇市场的二手车已经全面做到入场必检，将事故车、泡水车、火烧车公之于众，为消费者明明白白消费把好了第一道关！②行业的欺诈、投诉案件明显降低，客户对二手车信任度、满意度明显提升，绝大多数二手车企都采用了三方检测报告，绝大多数规模化的车企有质保，部分车商开始做品牌与标准，大多数经营者有意愿做品牌、做诚信，重庆市商务委员会主推"重庆市二手车诚信经营试点建设"，以少数标杆、样板、典型的诚信交易示范企业为点，以点带面最终达到促进重庆二手车行业规范、管理升级、竞争有序之目的，目前已颇有成效。

模块二
二手车技术状况检查评定

任务2.1

静态检查

任务引入

客户在二手车市场上,看中了一辆一汽大众迈腾1.8TSI(双离合领先版)。根据二手车商的口头说明和承诺,该车为2012年06月出厂,无事故、无水泡,保养细心,车况良好,此系第一次交易。但是客户仍然不放心,请你来进行静态检查。

学习目标

(1)掌握核对车辆基本情况的内容。

(2)掌握检查发动机技术状况的流程。

(3)掌握底盘检查流程。

(4)掌握车身技术状况检查流程。

(5)掌握电气电子技术状况检查流程。

(6)掌握事故车的特征检查流程。

(7)掌握机动车识伪检查流程。

(8)掌握发动机静态检查流程。

(9)掌握底盘静态检查流程。

(10)掌握车身静态检查流程。

(11)掌握电气电子静态检查流程。

(12)掌握事故车静态检查的流程。

(13)诚实守信,遵守法律。

(14)妥善处理人际关系冲突。

(15)能与客户和利益相关者进行有效的沟通。

(16)符合并坚守职业资格准则。

知识准备

2.1.1 静态检查的含义

根据评估人员的经验和技能,辅以专业的工具、量具,对二手车的技术状况进行静态直观检查。

2.1.2 静态检查的基本内容

(1)各总成、零部件和安全附件是否完整、齐全,列出需检修、更换的零部件。

(2)检查各部连接是否可靠,列出需检修和处理的问题。

(3)检查各部"三漏"情况,列出需修理、更换和处置的问题。

(4)检查各部破损、裂纹、锈蚀情况,列出需焊修、更换和处置的问题。

(5)检查润滑油、冷却水、电解液是否达标,列出需更换和处置的问题。

(6)检测有关配合间隙、操纵自由行程和轮对、车钩等尺寸是否达标,列出需调校和检修处置的问题。

(7)各电器、空气制动管线和开关、保险、接头等部件是否完好,列出需检修、更换和处置的问题。

2.1.3 检查发动机技术状况的流程

(1)打开发动机盖,确认说明书上的车架号与车身车架号是否一致,确认发动机号。

(2)确认发动机有无异响及漏油情况。

(3)确认发动机罩、挡泥板、车架、内板、水箱支架、水箱下支架是否有弯曲变形、维修、更换过的痕迹。

(4)观察底部,确认车架、水箱下支架的端部是否有凹陷、维修、更换的痕迹,以及是否漏油。

2.1.4 底盘检查流程

(1)检查发动机固定是否可靠,检查发动机与传动系的连接情况。

(2)燃油箱及燃油管路应固定可靠,不得有渗、漏油现象,燃油管路与其他部件不应有磨蹭现象。

(3)软管不得有老化、开裂或磨损等异常现象。

(4)检查传动轴中间支撑轴承及支架、万向节等有无裂纹和松旷现象。

(5)检查转向节臂、转向横直拉杆有无裂纹和损伤,有无拼焊现象。
(6)检查减振系统是否漏油、损坏。

2.1.5　电气电子技术状况检查流程

(1)检查仪表板指示灯是否正常,无故障灯报警显示。
(2)检查电动车窗是否正常工作。
(3)检查各类灯光和调节功能是否正常。
(4)检查助力转向是否正常工作。
(5)检查电动后视镜、天窗、喇叭、发电机、电子打火是否正常工作。
(6)汽车空调系统风量、方向调节、分区控制、自动控制、制冷制热是否正常工作,性能完好。
(7)检查泊车辅助系统是否正常工作。
(8)试验制动防抱死系统是否正常工作。
(9)检查雨刮器是否正常工作。
(10)检查音响娱乐系统是否正常工作。

2.1.6　事故车的特征检查流程

根据《二手车鉴定评估技术规范》(GB/T 30323—2013),当表2-1中的任何一项检查项目存在表2-2中的任一缺陷时,则该车为事故车。车体结构示意图如图2-1所示。

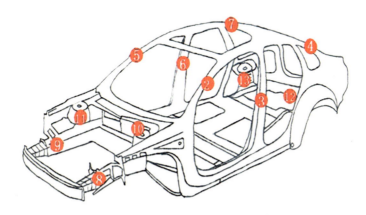

2—左A柱;3—左B柱;4—左C柱;5—右A柱;6—右B柱;
7—右C柱;8—左前纵梁;9—右前纵梁;10—左前减震器悬挂部位;
11—右前震器悬挂部位;12—左后减震器悬挂部位;13—右后减震器悬挂部位。

图2-1　车体结构示意图

表 2-1 车体部位代码表

代码	检查项目或车体部位	代码	检查项目或车体部位
1	车体左右对称性	8	左前纵梁
2	左A柱	9	右前纵梁
3	左B柱	10	左前减震器悬挂部位
4	左C柱	11	右前减震器悬挂部位
5	右A柱	12	左后减震器悬挂部位
6	右B柱	13	右后减震器悬挂部位
7	右C柱		

表 2-2 车辆缺陷状态描述对应表

代表字母	缺陷描述
BX	变形
NQ	扭曲
GH	更换
SH	烧焊
ZZ	褶皱

另外，泡水车的检查，需要注意几个重点。

(1)检查顺序：与事故检查不同，泡水车的检查顺序为从下至上。

(2)检查方法：由于机械、电气、内饰等部件泡水后会出现不同的变化，所以检查方法尤为重要，主要利用视觉、嗅觉进行检查。

2.1.7 机动车识伪检查流程

(1)机动车所有人身份证明。

(2)机动车发票(二手车交易发票)。

(3)机动车登记证。

(4)行驶本。

(5)购置税。

(6)保险单及收据。

(7)车钥匙。

2.1.8 发动机静态检查流程

(1)机油有无冷却液混入。

(2)缸盖外是否有机油渗漏。

(3)前翼子板内缘、水箱框架、横拉梁有无凹凸或修复痕迹。

(4)散热器格栅有无破损。

(5)蓄电池电极桩柱有无腐蚀。

(6)蓄电池电解液有无渗漏、缺少。

(7)发动机皮带有无老化。

(8)油管、水管有无老化、裂痕。

(9)线束有无老化、破损。

2.1.9 底盘静态检查流程

(1)发动机油底壳是否无渗漏。

(2)变速箱体是否无渗漏。

(3)转向节臂球销是否无松动。

(4)三角臂球销是否无松动。

(5)传动轴十字轴是否无松旷。

(6)减振器是否无渗漏。

(7)减振弹簧是否无损坏。

2.1.10 车身静态检查流程

(1)车头部分：
①前保险杠→②前灯光总成→③水箱护罩→④引擎盖。

(2)左侧车身部分：
①左前叶子板→②左前后视镜→③前挡风玻璃左侧→④车顶左前侧→⑤左前门玻璃→⑥左前门→⑦左前户定→⑧左后户定→⑨左后门→⑩左后门玻璃→⑪车顶左后侧→⑫后挡风玻璃左侧→⑬左后叶子板。

(3)车尾部分：
①后行李箱盖→②后灯总成→③后尾板→④后保险杠。

(4)右侧车身部分：
①右后叶子板→②后挡风玻璃右侧→③车顶右后侧→④右后门玻璃→⑤右后门→⑥右后户定→⑦右前户定→⑧右前门→⑨右前门玻璃→⑩车顶右前侧→⑪前挡风玻璃右侧→⑫右前后视镜→⑬右前叶子板。

2.1.11 电气电子静态检查流程

(1)电动车窗。

(2)助力转向系统。

(3)照明类。

(4)仪表类及其他：①后视镜；②雨刷器；③空调；④天窗；⑤喇叭；⑥仪表；⑦发电机；⑧电子打火系统。

(5)音响类。

任务实施

1. 作业说明

客户在二手车市场上，看中了一辆一汽大众迈腾1.8TSI（双离合领先版）。根据二手车商的口头说明和承诺，该车为2012年06月出厂，无事故、无水泡，保养细心，车况良好，此系第一次交易。但是客户仍然不放心，请你对这辆车进行静态检查。

2. 技术标准与要求

项目	具体内容
识伪检查流程	
车身静态检查流程	
发动机静态检查流程	
电气电子静态检查流程	
底盘静态检查流程	

注：请学员查阅资料后填写。

3. 设备器材

(1)设备。

_____

_____

(2)常用工具。

_____

_____

(3)耗材及其他。

_____

_____

注：请学员根据场地实际设备器材填写。

4. 作业流程

(1)跟客户做好沟通，明确需求。

(2)准备静态检查的各项设备工具。

(3)全车静态检查。

5. 填写考核工单

可交易车辆判别			
序号	检查项目	判别	
1	是否达到国家强制报废标准	否	是
2	是否为抵押期间或海关监管期间的车辆	否	是
3	是否为人民法院、检察院、行政执法等部门依法查封、扣押期间的车辆	否	是
4	是否为通过盗窃、抢劫、诈骗等违法犯罪手段获得的车辆	否	是
5	发动机号与机动车登记证书登记号码是否一致,且无凿改痕迹	否	是
6	车辆识别代号(VIN码)或车架号码与机动车登记证书登记号码是否一致,且无凿改痕迹	否	是
7	是否为走私、非法拼组装的车辆	否	是
8	是否为法律法规禁止经营的车辆	否	是

事故车判别					
代码	检查项目或车体部位	缺陷描述	代码	检查项目或车体部位	缺陷描述
1	车体左右对称性		8	左前纵梁	
2	左A柱		9	右前纵梁	
3	左B柱		10	左前减振器悬挂部位	
4	左C柱		11	右前减振器悬挂部位	
5	右A柱		12	左后减振器悬挂部位	
6	右B柱		13	右后减振器悬挂部位	
7	右C柱				

注:BX(变形),NQ(扭曲),GH(更换),SH(烧焊),ZZ(褶皱)

车身外观检查					
代码	外观部位	缺陷描述	代码	外观部位	缺陷描述
14	发动机舱盖表面		27	后保险杠	
15	左前翼子板		28	左前轮	
16	左后翼子板		29	左后轮	
17	右前翼子板		30	右前轮	
18	右后翼子板		31	右后轮	
19	左前门		32	前大灯	
20	右前门		33	后尾灯	
21	左后门		34	前挡风玻璃	
22	右后门		35	后挡风玻璃	
23	行李箱盖		36	四门车窗玻璃	
24	行李箱内侧		37	左后视镜	
25	车顶		38	右后视镜	
26	前保险杠		39	轮胎	

注:BX(变形),NQ(扭曲),GH(更换),SH(烧焊),ZZ(褶皱)。
程度:1——面积小于或等于100 mm×100 mm;2——面积大于100 mm×100 mm并小于或等于200 mm×300 mm;3——面积大于200 mm×300 mm;4——轮胎花纹深度小于1.6 mm。

续表

发动机舱检查				
序号	检查项目	A	B	C
40	机油有无冷却液混入	无	轻微	严重
41	缸盖外是否有机油渗漏	无	轻微	严重
42	前翼子板内缘、水箱框架、横拉梁有无凹凸或修复痕迹	无	轻微	严重
43	散热器格栅有无破损	无	轻微	严重
44	蓄电池电极桩柱有无腐蚀	无	轻微	严重
45	蓄电池电解液有无渗漏、缺少	无	轻微	严重
46	发动机皮带有无老化	无	轻微	严重
47	油管、水管有无老化、裂痕	无	轻微	严重
48	线束有无老化、破损	无	轻微	严重
49	其他	只描述缺陷,不扣分		
驾驶舱检查				
序号	检查项目	A		C
50	车内是否无水泡痕迹	是		否
51	车内后视镜、座椅是否完整、无破损、功能正常	是		否
52	车内是否整洁、无异味	是		否
53	方向盘自由行程转角是否小于20°	是		否
54	车顶及周边内饰是否无破损、松动及裂缝和污迹	是		否
55	仪表台是否无划痕,配件是否无缺失	是		否
56	排挡把手柄及护罩是否完好、无破损	是		否
57	储物盒是否无裂痕,配件是否无缺失	是		否
58	天窗是否移动灵活、关闭正常	是		否
59	门窗密封条是否良好、无老化	是		否
60	安全带结构是否完整、功能是否正常	是		否
61	驻车制动系统是否灵活有效	是		否
62	玻璃窗升降器、门窗工作是否正常	是		否
63	左、右后视镜折叠装置工作是否正常	是		否
64	其他	只描述缺陷,不扣分		

续表

| \multicolumn{5}{c}{启动检查} |
序号	检查项目		A	C
65	车辆启动是否顺畅（时间少于 5 s，或一次启动）		是	否
66	仪表板指示灯显示是否正常，无故障报警		是	否
67	各类灯光和调节功能是否正常		是	否
68	泊车辅助系统工作是否正常		是	否
69	制动防抱死系统（ABS）工作是否正常		是	否
70	空调系统风量、方向调节、分区控制、自动控制、制冷工作是否正常		是	否
71	发动机在冷、热车状态下怠速运转是否稳定		是	否
72	怠速运转时发动机是否无异响，空挡状态下逐渐增加发动机转速，发动机声音过渡是否无异响		是	否
73	车辆排气是否无异常		是	否
74	其他	只描述缺陷，不扣分		

自我测试

（1）简述静态检查中，各种工具和设备的作用。

_____

_____

（2）简述静态检查的作用及必要性。

_____

_____

（3）如果发现静态检查的结果不理想，如何跟客户及二手车商沟通？

_____

_____

_____

拓展学习

VIN 码核查

核查目的：

(1) 确保第一时间鉴别车辆是否合法；

(2) 判断车辆是否有重大事故、非法维修等嫌疑；

(3) 判断车辆是否属禁止交易范围。

理论上还应具备登记证书，但实际首次查定工作中，客户可能不会携带登记证书，这就需要在无登记证书的情况下完成该项工作。

VIN 码核查	
异常情况	可能的原因
1. 仅与行驶证相符，与其他要件不相符，且打刻位置异常，内容异常	自然损坏、维修、盗抢等多种原因办理变更车架号（VIN）登记
2. 仅与行驶证相符，与其他要件不相符，打刻位置正常，打刻内容正常	多为重大事故引起的更换车身，并已变更
3. 与要件均不相符，且打刻异常	有盗抢、非法拼装嫌疑及其他可能，需进一步核实
4. 与要件均相符，但打刻载体表面异常	有盗抢、非法拼装嫌疑及其他可能，需进一步核实
5. 与要件均相符，但打刻形式（字体、清晰度）异常	事故维修或其他原因变造
6. 与要件均相符，打刻正常，但表面有打磨痕迹或字迹不清晰	喷漆、改色等多种原因，应进一步核实

任务 2.2

动态路试检查

任务引入

客户在二手车市场上，看中了一辆一汽大众迈腾1.8TSI（双离合领先版）。根据二手车商的口头说明和承诺，该车为2012年06月出厂，无事故无水泡，保养细心，车况良好此系第一次交易。但是客户仍然不放心，请你在已经进行静态检查的基础上，完成动态路试检查。

学习目标

(1)能进行路试前的准备工作。
(2)能动态检查机动车性能。
(3)能进行路试后的检查工作。
(4)能进行机动车制动性能检查。
(5)能进行机动车动力性能检查。
(6)能进行机动车操纵性能检查。
(7)能进行机动车滑行性能检查。
(8)能进行机动车噪声和废气检查。
(9)诚实守信，遵守法律。
(10)妥善处理人际关系冲突。
(11)能与客户和利益相关者进行有效的沟通。
(12)符合并坚守职业资格准则。

知识准备

2.2.1 路试前应做的准备工作

检查机油油位、冷却液液位、制动液液位、转向油液位、踏板自由行程、转向盘自由行程、轮胎胎压及警示灯,各个项目正常后方可启动发动机,进行路试检查。

2.2.2 机动车性能动态检查流程

(1)传动系统检查。
(2)制动性能检查。
(3)行驶稳定性检查。
(4)转向系统检查。
(5)行驶平顺性检查。
(6)路试后的检查。

2.2.3 路试后的检查工作内容

1. 检查各部件温度

(1)冷却液温度不应超过110 ℃。
(2)机油温度不应高于90 ℃。
(3)齿轮油温不应高于85 ℃。
(4)查看制动鼓、轮毂、变速箱壳、传动轴、中间轴轴承、驱动桥壳(特别是减速器壳)等,不应有过热现象。

2. 检查"三漏"现象(漏气、漏油、漏水)

(1)在发动机运转及停车时水箱、水泵、气缸、缸盖、暖风装置及所有连接部位均无明显渗漏水现象。
(2)机动车连续行驶距离不小于10 km,停车5 min后观察不得有明显渗漏油现象。
(3)检查机油、变速箱油、主减速器油、转向液压油、制动液、离合器油、液压悬架油等相关处有无泄漏。
(4)检查汽车的进气系统、排气系统有无漏气现象。
(5)检查发动机点火系统及全车电气设备有无漏电现象。

2.2.4 机动车制动性能检查流程

1. 点制动检查

(1)车起步后,先点一下制动检查是否有制动。

(2)将车加速至 20 km/h，做一次紧急制动，检查制动是否可靠，有无跑偏、甩尾现象。

(3)将车加速至 50 km/h，先用点刹的方法检查汽车是否立即减速，是否跑偏，不允许有制动跑偏及甩尾现象。

(4)如果制动跑偏，很可能是同一车桥上的两个车轮制动力不等，或者是制动力不能同时作用在两个车轮上导致的。

2. 踩住制动踏板

(1)当踩下制动踏板时，若制动踏板或制动鼓发出冲击或尖叫声，则表明制动摩擦片可能磨损，路试结束后应检查制动摩擦片的厚度。

(2)车辆启动前踩下制动踏板，保持 5~10 s，踏板无向下移动现象。

(3)踩住制动踏板，启动发动机，踏板是否向下移动。

(4)有海绵感（往下移动），则说明制动管路进入空气，或制动系统某处有泄漏，应立即停止路试。

3. 驻车制动的检查

(1)是否拉紧。

(2)在坡道上实施驻车制动，观察汽车是否停稳，有无滑溜现象。

4. 制动液

(1)每隔两年（或 50 000 km）更换一次。

(2)检查制动液液位。

(3)发动机熄火后，用力踩踏板，消除残余真空度；接着用适中的力踩制动踏板，停留在制动位置上；然后启动发动机，若制动踏板下降，则真空助力器有效。

2.2.5　机动车动力性能检查流程

(1)待水温、油温正常后，观察发动机的急加速性能，然后迅速打开再关闭节气门，注意发动机是否熄火或工作不稳。

(2)迅速踩下加速踏板，观察发动机由怠速到低速再到高速是否反应灵活。

(3)迅速松开加速踏板，观察发动机由高速到低速是否反应灵活，且不熄火。

2.2.6　机动车操纵性能检查流程

(1)车辆以 50 km/h 左右的中速直线行驶，双手松开转向盘，观察汽车行驶状况。

(2)无论汽车转向哪一边，都说明汽车的转向轮定位不准，或车身、悬架变形。

(3)车辆以 90 km/h 以上的高速行驶，观察转向盘有无摆振现象，即所谓的"汽车摆头"。

(4)路试时，发现前轮摆动、方向盘抖动，这种现象为摆振，可能的原因是转向系统的轴承过松；横拉杆球头磨损松旷；轮毂轴承松旷；车架变形或者是前束过大。

(5)汽车摆头时，前轮左右摇摆沿波形前进，严重地破坏了汽车的平顺性，直接影响汽车的行驶安全，增大了轮胎的磨损，使汽车只能以较低的速度前进。

(6)左右转动转向盘，检查转向是否灵活、轻便。

(7)若方向沉重，说明汽车转向机构各球头缺润滑油或轮胎气压过低。对于带助力转向的汽车，则可能是因为助力转向泵和齿轮齿条磨损严重。

(8)动力转向问题有时还需靠转向盘转动时的"嘎吱"声识别，发出这种声音可能仅仅是因为转向油液面过低。

(9)当汽车转弯或通过不平的路面时，倾听是否有从汽车前端发出的忽大忽小的"嘎吱"声或低沉噪声，这可能是因为滑柱或减振器紧固装置松了，或轴承磨损严重。

(10)汽车转弯时，若车身侧倾过大，则横向稳定杆衬套或减振器可能磨损严重及漏油。

(11)在前轮驱动的汽车上，前面发出"咯哒"声、沉闷金属声和"滴哒"声可能是因为等速万向节已磨损，需要维修。

2.2.7　机动车噪声和废气检查流程

(1)正常的汽油发动机排出的气体是无色的，在冬季可见白色的水汽。

(2)柴油发动机带负荷运转时，发动机排出气体一般是灰色的，负荷加重时，排气颜色会深一些。

(3)汽车排气常有3种不正常的烟雾：①黑烟；②蓝烟；③白烟。

打开润滑油加注口，缓缓踩下加速踏板，如果窜气严重，肉眼可以观察到油雾气。

任务实施

1. 作业说明

客户在二手车市场上，看中了一辆一汽大众迈腾1.8TSI(双离合领先版)。根据二手车商的口头说明和承诺，该车为2012年06月出厂，无事故、无水泡，保养细心，车况良好，此为第一次交易。但是客户仍然不放心，请你来对这辆车在已经进行静态检查的基础上，完成动态路试检查。

2. 技术标准与要求

项目	具体内容
路试前应做的准备工作	
机动车性能动态检查流程	
路试后的检查工作内容	
机动车制动性能检查流程	
机动车动力性能检查流程	
机动车操纵性能检查流程	
机动车噪声和废气检查流程	

注：请学员查阅维修资料后填写。

3. 设备器材

(1)设备与零件总成。

_____

_____

(2)常用工具。

_____

_____

(3)耗材及其他。

_____

_____

注：请学员根据场地实际设备器材填写。

4. 作业流程

(1)与客户和二手车商做好沟通，确认动态检查的必要性。

(2)对车辆进行动态检查。

(3)将动态检查的结果告知客户。

5. 填写考核工单

路试检查				
序号	检查项目		A	C
75	发动机运转、加速是否正常		是	否
76	车辆启动前踩下制动踏板，保持5～10 s，踏板无向下移动的现象		是	否
77	踩住制动踏板启动发动机，踏板是否向下移动		是	否
78	行车制动系最大制动效能在踏板全行程的4/5以内达到		是	否
79	行驶是否无跑偏		是	否
80	制动系统工作是否正常有效、制动不跑偏		是	否
81	变速箱工作是否正常、无异响		是	否
82	行驶过程中车辆底盘部位是否无异响		是	否
83	行驶过程中车辆转向系统是否无异响		是	否
84	其他		只描述缺陷，不扣分	

底盘检查				
序号	检查项目		A	C
85	发动机油底壳是否无渗漏		是	否
86	变速箱体是否无渗漏		是	否
87	转向节臂球销是否无松动		是	否
88	三角臂球销是否无松动		是	否
89	传动轴、十字轴是否无松旷		是	否
90	减振器是否无渗漏		是	否
91	减振弹簧是否无损坏		是	否
92	其他		只描述缺陷，不扣分	

自我测试

(1) 路试前应做好哪些准备工作？

_____
_____
_____

(2) 简述机动车性能动态检查的流程。

_____
_____
_____
_____

(3) 简述路试后应该检查哪些内容。

_____
_____
_____
_____

拓展学习

怠速检查

怠速检查是车辆动态检查中的重点项目。由于二手车的业务特征，查定工作呈现以下特点：二手车商忌讳，大都不愿意评估师过分路试；查定时间紧张，路试操作难度大。根据以上特点，动态检查应以怠速检查为主，路试为辅。

怠速检查的直接目的：判断车辆的主要机械部件、电气设备的怠速性能，为定价寻求依据。

怠速检查的间接目的：车辆性能的优劣，很大程度会体现在怠速状态下。完整的怠速检查，可为路试检查做充分准备。

怠速检查中自动变速箱的测试方法为时滞测试。

时滞测试的目的：检查自动变速箱换挡时滞时长，依此判断离合器、制动器、齿轮磨损程度及状态。

时滞测试的方法：在怠速、冷却液温度正常、道路平坦、手动制动无故障的情况下，踩踏制动踏板，换挡杆在各挡位间切换，每次切换间需等待20 s以上，读取换挡操作完成到感觉入挡震动的时长（时滞时长），并感觉入挡震动的强度。

测试结果：正常时，时滞时长应小于1.5 s，入挡震动轻微。如时滞时长大于1.5 s，且车身入挡震动明显，则说明离合器异常磨损或存在其他变速箱问题。

任务 2.3

技术状况综合评定

任务引入

客户在二手车市场上，看中了一辆一汽大众迈腾 1.8TSI（双离合领先版）。根据二手车商的口头说明和承诺，该车为 2012 年 06 月出厂，无事故、无水泡，保养细心，车况良好，此为第一次交易。但是客户仍然不放心，请你在这辆车已经进行静态检查和动态检查的基础上，对这辆车进行技术状况综合评定，作为客户后期跟二手车商谈判的重要基础。

学习目标

(1) 能分析机动车的技术状况。
(2) 能提出机动车检测建议。
(3) 能识读机动车综合性能检测报告。
(4) 能制订机动车技术等级标准。
(5) 能制订机动车技术状况分析计划。
(6) 能制订机动车技术状况检测项目和内容。
(7) 诚实守信，遵守法律。
(8) 妥善处理人际关系冲突。
(9) 能与客户和利益相关者进行有效的沟通。
(10) 符合并坚守职业资格准则。

知识准备

2.3.1 机动车技术状况的分析内容

按照车身、发动机舱、驾驶舱、启动、路试、底盘等项目分析车辆技术状况。

根据检查结果确定车辆技术状况的分值。总分值为各个鉴定项目分值累加,满分100分。

2.3.2 机动车综合性能检测报告内容(表2-3)

表2-3 二手车技术状况表

车辆基本信息	厂牌型号			牌照号码		
	发动机号			VIN码		
	注册登记日期	年 月 日		表征里程/km		
	品牌名称	□国产 □进口		车身颜色		
	年检证明	□有(至 年 月)□无		购置税证书	□有 □无	
	车船税证明	□有(至 年 月)□无		交强险	□有(至 年 月)□无	
	使用性质	□营运用车 □出租车 □公务用车 □家庭用车 □其他				
	其他法定凭证、证明	□机动车号牌□机动车行驶证□机动车登记证书□第三者强制保险单□其他				
	车主名称/姓名			企业法人证书代码/身份证号码		
重要配置	燃料标号		排量		缸数	
	发动机功率		排放标准		变速箱形式	
	安全气囊		驱动方式		ABS	□有 □无
	其他重要配置					
是否为事故车	□是 □否	损伤位置及损伤状况				
鉴定结果	分值			技术状况等级		

续表

	鉴定科目	鉴定结果（得分）	缺陷描述
车辆技术状况鉴定缺陷描述	车身检查		
	发动机舱检查		
	驾驶舱检查		
	启动检查		
	路试检查		
	底盘检查		

声明：

本二手车技术状况表所体现的鉴定结果仅为鉴定日期当日被鉴定车辆的技术状况表现与描述，若在当日内被鉴定车辆的市场价值或因交通事故等原因导致车辆的价值发生变化，对车辆鉴定结果产生明显影响时，本二手车技术状况表不作为参考依据。

二手车鉴定评估师：_____ 鉴定单位：_____（盖章）

鉴定日期：_____年_____月_____日

2.3.3 机动车技术等级标准

根据鉴定分值，按照表2-4确定车辆对应的技术等级。

表2-4 车辆技术状况等级分值对应表

技术状况等级	分值区间
一级	鉴定总分≥90
二级	60≤鉴定总分＜90
三级	20≤鉴定总分＜60
四级	鉴定总分＜20
五级	事故车

任务实施

1. 作业说明

客户在二手车市场上，看中了一辆一汽大众迈腾1.8TSI（双离合领先版）。根据二手车商的口头说明和承诺，该车为2012年06月出厂，无事故、无水泡，保养细心，车况良好，此为第一次交易。但是客户仍然不放心，请你在这辆车已经进行静态检查和动态检查的基础上，对这辆车进行技术状况综合评定，作为客户与二手车商谈判的重要基础。

2. 技术标准与要求

项目	具体内容
机动车技术状况的分析内容	
机动车综合性能检测报告内容	
机动车技术等级标准的划分	

注：请学员查阅维修资料后填写。

3. 设备器材

(1) 设备与零件总成。

_____

_____

(2) 常用工具。

_____

_____

(3) 耗材及其他。

_____

_____

注：请学员根据场地实际设备器材填写。

4. 作业流程

(1) 填写机动车综合性能检测报告。

(2) 根据检测报告划分机动车技术等级。

(3) 与客户和二手车商沟通检测报告和技术等级的结果。

5. 填写考核工单

二手车技术状况表				
车辆基本信息	厂牌型号		牌照号码	
	发动机号		VIN 码	
	注册登记日期	年　月　日	表征里程/km	
	品牌名称	□国产　□进口	车身颜色	
	年检证明	□有（至　年　月）□无	购置税证书	□有　□无
	车船税证明	□有（至　年　月）□无	交强险	□有（至　年　月）□无
	使用性质	□营运用车　□出租车　□公务用车　□家庭用车　□其他		
	其他法定凭证、证明	□机动车号牌□机动车行驶证□机动车登记证书□第三者强制保险单□其他		
	车主名称/姓名		企业法人证书代码/身份证号码	
重要配置	燃料标号		排量		缸数	
	发动机功率		排放标准		变速箱形式	
	安全气囊		驱动方式		ABS	□有　□无
	其他重要配置			
是否为事故车	□是　□否	损伤位置及损伤状况			
鉴定结果	分值		技术状况等级	
车辆技术状况鉴定缺陷描述	鉴定科目	鉴定结果（得分）	缺陷描述	
	车身检查			
	发动机舱检查			
	驾驶舱检查			
	启动检查			
	路试检查			
	底盘检查			

声明：

本二手车技术状况表所体现的鉴定结果仅为鉴定日期当日被鉴定车辆的技术状况表现与描述，若在当日内被鉴定车辆的市场价值或因交通事故等原因导致车辆的价值发生变化，对车辆鉴定结果产生明显影响时，本二手车技术状况表不作为参考依据。

二手车鉴定评估师：_____　鉴定单位：_____（盖章）

鉴定日期：_____年_____月_____日

汽车营销评估与金融保险**服务技术**

自我测试

（1）机动车综合性能检测报告的内容有哪些？

（2）机动车综合性能检测报告的作用有哪些？

（3）如何与客户和二手车商沟通机动车综合性能检测报告的结果？

拓展学习

二手车第三方评估是二手车行业发展的"助推器"

2022年10月30日，家住重庆市的雷先生在××车平台购买了一辆现代格锐。××车评估师对该车出具的评估报告显示，其所购车辆综合车况为优秀，而随后雷先生却通过保险公司查到该车在高速公路上发生过严重的追尾事故，维修清单足足有四页纸。该事件在二手车行业引起轩然大波。

在欧美成熟的二手车市场，第三方评估结果是消费者购车的主要参考依据，权威的二手车评估机构公信力极高，用户会根据他们对车辆的评估结果来决定是否购买。如果国内也有这样的权威机构，像雷先生这样的消费者在购车前就会获得更多有价值的参考信息。

一直以来，评估鉴定似乎是二手车商和电商交易平台的自带属性，消费者在哪里买车,哪里就理应提供真实的车况和合理的价格。直到 2015 年下半年,众多独立第三方评估企业如雨后春笋般不断涌现,这一连接商家和消费者的细分服务领域逐渐开始活跃在人们的视线当中。

第三方评估企业其实一直都有。《中国汽车报》记者介绍,其实评估服务一直存在,而且几乎每个城市都有第三方评估服务企业的存在。只是其早期业务对象更多是司法检察机关、拍卖或高档车个人车主等主体,普通消费者对其知之甚少。随着近 2~3 年二手车行业的蓬勃兴起,第三方评估服务企业的服务范围逐渐从司法拍卖渗透到包括经销商、金融机构、普通个人等多个领域,其行业价值也日益得到业界、消费者甚至资本的关注。

二手车第三方评估到底有多重要?用专家的话来说:"它是二手车行业发展的助推器。"当下一提到二手车,人们第一个想到的不是高性价比,而是"这里面水太深"。与新车交易相比,二手车行业具有"一车一况一价"的特殊性,导致其中隐藏着很多"灰色地带"。很多二手车商或线上交易平台集销售与评估于一体,在交易过程中,部分车商为了获取更大的利润,往往对评估敷衍了事,或与售车人串通一气,导致交易车辆车况不透明,进而产生严重的信任危机。而据专业人士介绍,目前主流的第三方评估机构多采用将线下采集到的车辆信息上传到系统平台,由专业评估师依托大数据做鉴定的线上评估方式,这种模式将评估与销售环节完全剥离,能最大程度规避道德风险,发挥专业优势。

模块三
二手车收购定价及收购作业

任务 3.1

二手车收购定价

任务引入

某二手车交易中心欲收购某顾客的二手车,邀请评估师对车辆进行估价,评估师需要考虑市场的供求关系,在鉴定评估的基础上,确定这辆车的收购价格。

学习目标

(1)掌握二手车收购的计算方法。
(2)能够根据评估目的选定评估方法。
(3)能够准确地对收购车辆合理定价。
(4)培养良好的沟通能力,树立团队合作意识。
(5)以事实为依据,遵守公平公正的行业准则。

知识准备

3.1.1 二手车收购定价的影响因素

影响二手车收购价格的因素有很多。在二手车行业,收购一辆二手车的价格受多方因素影响,除了车辆本身的车况,比如是不是事故车、水泡车之外,车辆的使用时长、行驶里程,以及手续是否齐全、车辆的品牌知名度和售后服务等都会影响二手车最后的定价。

1)车辆鉴定评估的价格

采用科学的方法对车辆外观及性能进行鉴定评估,同时根据经验结合目前市场该车最新款的价格行情综合评定。

评定项目：车身外观整齐程度、漆面质量、发动机怠速声音、尾气排放情况等。另外，车辆的配置、内饰、改装等也很重要，包括有无 ABS、助力装置、真皮座椅、电动车窗、中控防盗锁、CD 音箱等；有效的改装包括动力改装、悬架系统改装、音响改装、座椅及车内装饰改装等。除了车子的车况，在实际销售过程中，车子的使用时长、行驶里程等，也是影响车辆估价的重要因素。

2）各项手续的办理费用

手续办理主要包括登记证、原始购车发票或交易过户票、行驶证、购置税本、车船使用费证明、车辆保险合同等。如果收购车辆的证件和规费凭证不全，就会影响收购价格，因为代办手续不但要耗费人工成本，而且在转籍过户中也可能会出现一些意想不到的麻烦。

3）二手车收购后的支出费用

在收购二手车的时候，除了支付车辆产品的钱以外，从收购到售出这段时间，车子还会产生一些费用，比如保险费、日常养护费、停车费、收购支出的货币利息及其他管理费等。

4）市场环境的变化

二手车收购要注意国家宏观政策、国家和地方法规的变化因素及这些影响导致的车辆经济性贬值。如某车辆燃油消耗量较大，在该车收购后不久，国家实施以公路养路费改征燃油附加税，则这辆车因为油耗量大、附加费用高而将难以销售。很明显，收购这辆车不仅不能带来经济效益，反而可能造成损失。

新车价格的变动及新车型的上市也会对收购价格产生影响。例如当某款新车降价后，旧车的保值率就降低了，贬值后收购价格自然也会降低。另外，新款车型问世挤压旧车型，"老面孔"们身价自然受影响。

5）经营地需要

二手车经营者应根据库存车辆的多少提高或降低收购价格。例如，本期库存车辆减少、货源紧张时，可以适当提高车辆收购价格，以补充货源保证库存的稳定；反之，库存车辆多时，则应降低收购价格。再就是某一车型热销出现断档，那么相应的收购价格就会提高。

6）品牌知名度和维修服务条件

对于不同品牌的二手车，由于品牌知名度和售后服务的质量不同，收购价格也不同。一些颇具实力的企业，其产品具有很高的品牌知名度，技术相对成熟，维修服务体系也很健全，二手车收购定价可以适当提高。

3.1.2 二手车收购定价的方法

二手车收购价值的确定是根据其特定的目的，在二手车鉴定估价的基础上，充分考虑市场的供求关系，对评估的价格做快速变现的特殊处理。按不同的原则，二手车收购一般有3种定价方法。

(1) 以现行市价法、重置成本法的思想方法确定收购价格。

由现行市价法、重置成本法对二手车进行鉴定估算产生的客观价格，再根据快速变现原则，估定一个折扣率并以此确定二手车收购价格。如运用重置成本法估算某机动车辆价值为10万元，据市场销售情况调查，估定折扣率为20%时可出售，则该车辆收购价格为8万元。

(2) 以清算价格的思想方法确定收购价格。

清算价格的特点是企业（或个人）由于破产或其他原因，要求在一定的期限内将车辆变现，在企业清算之日预期出卖车辆可收回的快速变现价格，具体来说主要根据二手车技术状况，运用现行市价法估算其正常价值，再根据处置情况和变现要求，乘以一个折扣率，最后确定评估价格。需要注意的是，以清算价格的方法确定收购价格时，由于顾客要求快速转卖变现，因此其收购估价大大低于二手车市场成交的同类型车辆的公平市价，一般来说也低于车辆现时状态客观存在的价格。

(3) 以快速折旧的思想方法确定收购价格。

根据机动车辆的价值，计算折旧额来确定收购价格。年折旧额的计算方法有两种：年份数求和法和双倍余额递减折旧法。

3.1.3　二手车收购价格的估算方法

我国对二手车评估还没有统一的标准，二手车估价方法主要参照资产评估的方法，主要按照重置成本法、收益现值法和现行市价法。

3.1.3.1　重置成本法

重置成本法是指在现时条件下重新购置一辆全新状态的被评估车辆所需的全部成本（即完全重置成本，简称重置全价），减去该被评估车辆的各种陈旧贬值后的差额作为被评估车辆现时价格的一种评估方法。

1. 基本计算公式

(1) 被评估车辆的评估值＝重置成本－实体性贬值－功能性贬值－经济性贬值。

(2) 被评估车辆的评估值＝重置成本×成新率。

重置成本是购买一辆全新的与被评估车辆相同的车辆所支付的最低金额。

重置成本有两种形式：复原重置成本和更新重置成本。

复原重置成本指用与被评估车辆相同的材料、制造标准、设计结构和技术条件等，以现时价格复原购置相同的全新车辆所需的全部成本。

更新重置成本指利用新型材料、新技术标准、新设计等，以现时价格购置相同或相似功能的全新车辆所支付的全部成本。

在进行重置成本计算时，应选用更新重置成本。如果不存在更新重置成本，则考虑用复原重置成本。

2. 影响车辆价值量变化的因素

(1) 机动车辆的实体性贬值。

实体性贬值也叫有形损耗，是指机动车在存放和使用过程中，由于物理和化学原因而导致的车辆实体发生的价值损耗，即由于自然力的作用而发生的损耗。

(2) 机动车辆的功能性贬值。

功能性贬值是由于科学技术的发展导致的车辆贬值，即无形损耗。

(3) 机动车辆的经济性贬值。

经济性贬值是指由于外部经济环境变化所造成的车辆贬值。

外部经济环境，包括宏观经济政策、市场需求、通货膨胀、环境保护等。外界因素对车辆价值的影响不仅是客观存在的，而且对车辆价值影响还相当大，所以在旧机动车的评估中不可忽视。

3. 重置成本法的估价计算

1) 估价模型

模型1：被评估车辆的评估值＝更新重置成本－实体性贬值－功能性贬值－经济性贬值。

模型2：被评估车辆的评估值＝更新重置成本×成新率。

模型3：被评估车辆的评估值＝更新重置成本×成新率×(1－折扣率)。

模型1中，除了要准确了解旧机动车的更新重置成本和实体性贬值外，还必须计算其功能性贬值和经济性贬值，而这二者的贬值因素要求估价人员对未来影响旧机动车的运营成本、收益乃至经济寿命有较为准确的把握，否则难以评估旧机动车的市场价值。因此，模型1让估价人员很难操作。

模型3是在模型2的基础上再减去一定的折扣，从而估算出被估价机动车的价值。

模型3较模型1而言，较充分地考虑了影响汽车价值的各种因素，可操作性强。

2) 重置成本的估算方法

(1) 重置成本的构成：重置成本＝直接成本＋间接成本。

直接成本是指购置全新的同种车型时直接可以构成车辆成本的支出部分。它包括现行市场购置价格，加上运输费和办理入户手续时所交纳的各种费用，如车辆购置税、车船使用税、入户上牌费、保险费等。

间接成本是指购置车辆时所花费的不能直接计入购置成本中的那部分成本。如购置车辆发生的管理费、专项贷款发生的利息、洗车费、美容费、停车管理费等。在实际的评估作业中，间接成本可忽略不计。

(2) 重置成本的估算。

① 直接询价法：查询当地新车市场上，被评估车辆处于全新状态下的现行市场

售价。

②账面成本调整法:对于那些无法从现行市场上寻找到重置成本的车型,如淘汰产品或进口车辆,也可根据汽车市场的物价变动指数调整得到旧机动车的重置成本。

重置成本＝账面原始成本×(车辆鉴定估价日的物价指数/车辆购买日的物价指数)

重置成本＝账面原始成本×(1＋车辆购买日到鉴定估价日的物价变动指数)

3)成新率的估算方法

成新率是指被评估车辆新旧程度的比率。二手车成新率是表示二手车的功能或使用价值占全新机动车的功能或使用价值的比率。它与有形损耗率一起反映了同一车辆的两方面。

成新率和有形损耗率的关系:成新率＝1－有形损耗率

(1)使用年限法。

成新率＝(规定使用年限－已使用年限)÷规定使用年限×100%。

车辆已使用年限是指从车辆登记日到评估基准日所经历的时间(进口车辆登记日为其出厂日)。

车辆规定使用年限是指《汽车报废标准》中规定的使用年限。

已使用年限计量的前提条件是车辆的正常使用条件和正常使用强度。在实际评估中,运用已使用年限指标时,应特别注意车辆的实际使用情况,而不是简单的日历天数。例如,对于某些以双班制运行的车辆,其实际使用时间为正常使用时间的两倍,因此该车辆的已使用年限,应是车辆从开始使用到评估基准日所经历时间的两倍。

(2)综合分析法。

综合分析法是以使用年限法为基础,综合考虑车辆的实际技术状况、维护保养情况、原车制造质量、工作条件及工作性质等多种因素对二手车价值的影响,以系数调整成新率的一种方法。

成新率＝(规定使用年限－已使用年限)÷规定使用年限×综调系数×100%。

使用综合分析法鉴定评估时要考虑的因素:车辆的实际运行时间、实际技术状况;车辆使用强度、使用条件、使用和维护保养情况;车辆的原始制造质量;车辆的大修、重大事故经历;车辆外观质量等。

综合分析法较为详细地考虑了影响二手车价值的各种因素,并用一个综合调整系数指标来调整车辆成新率,评估值准确度较高,因而适用于具有中等价值的二手车评估。这是二手车鉴定评估最常用的方法之一。

(3)行驶里程法。

车辆规定行驶里程是指按照《汽车报废标准》规定的行驶里程(老标准中规定为450 000 km)。此方法与使用年限法相似,在按照行驶里程法计算成新率时,一定要结合二手车本身的车况,判断里程表的记录与实际的二手车的物理损耗是否相符,防止由于人为变更里程表所造成的误差。

由于里程表容易被人为变更，因此，在实际应用中，较少采用此方法。

（4）部件鉴定法。

部件鉴定法（也称技术鉴定法）是在对二手车评估时，按其组成部分对整车的重要性和价值量的大小来加权评分，最后确定成新率的一种方法。

基本步骤：将车辆分成若干个主要部分，根据各部分建造成本占车辆建造成本的比重，按一定百分比确定权重。以全新车辆各部分的功能为标准，若某部分功能与全新车辆对应部分的功能相同，则该部分的成新率为100%；若某部分的功能完全丧失，则该部分的成新率为0。

根据若干部分的技术状况给出各部分的成新率，分别与各部分的权重相乘，即得某部分的权分成新率。将各部分的权分成新率相加，即得到被评估车辆的成新率。在实际评估时，应根据车辆各部分价值量占整车价值的比重，调整各部分的权重。

部件鉴定法费时费力，车辆各组成部分权重难以掌握，但评估值更接近客观实际值，可信度高。它既考虑了车辆的有形损耗，又考虑了车辆由于维修或换件等追加投资使车辆价值发生的变化。这种方法一般用于价值较高的车辆的价格评估。

（5）整车观测法。

整车观测法主要是通过评估人员的现场观察和技术检测，对被评估车辆的技术状况进行鉴定、分级，以确定成新率的一种方法。

运用整车观测法应观察、检测或搜集的技术指标主要包括车辆的现时技术状态、车辆的使用时间及行驶里程、车辆的主要故障经历及大修情况、车辆的外观和完整性等。

运用整车观测法估测车辆的成新率，要求评估人员必须具有一定的专业水平和相当的评估经验。这是运用整车观测法准确判断车辆成新率的基本前提。整车观测法的判断结果没有部件鉴定法准确，一般用于中、低价值车辆成新率的初步估算，或作为利用综合分析法确定车辆成新率的参考依据。

五种成新率估算方法的应用场合：使用年限法、行驶里程法一般适用于价值量较低的车辆的评估；综合分析法一般适用于中等价值的车辆的评估；部件鉴定法适用于价值较高的机动车辆的评估；整车观测法则主要用于中、低等价值的二手机动车的初步估算，或作为综合分析法鉴定估价要考虑的主要因素之一。

（6）综合成新率法。

前面介绍的使用年限法、行驶里程法和部件鉴定法（也称技术鉴定法）三种方法计算的成新率分别称为使用年限成新率、行驶里程成新率和现场查勘成新率。这三个成新率的计算只考虑了二手机动车的一个因素。因而就它们各自所反映的机动车的新旧程度而言，是不完全也不完整的。

为了全面地反映二手车的新旧状态，在对二手车进行鉴定评估时，可以采用综合成新率来反映二手车的新旧程度，即将使用年限成新率、行驶里程成新率和现场查勘成新率分别赋以不同的权重，计算三者的加权平均成新率。这样，就可以尽量减小使用单一因素计算成新率给评估结果所带来的误差。其数学计算公式：

$$综合成新率 N = N_1 \times 40\% + N_2 \times 60\%。$$

其中：N_1 为机动车理论成新率；N_2 为机动车现场查勘成新率；$N_1 = \eta_1 \times 50\% + \eta_2 \times 50\%$。

η_1 为机动车使用年限成新率；$\eta_1 =$（机动车规定使用年限－已使用年限）÷机动车规定使用年限×100％。

η_2 为机动车行驶里程成新率；

$\eta_2 =$（机动车规定行驶里程－已行驶里程）÷机动车规定行驶里程×100％。

N_2 由评估人员根据现场查勘情况确定。

可见，综合成新率的确定，必须以现场技术查勘、核实为基础。实际操作时，把被评估车辆的基本情况、技术状况的主要内容和查勘鉴定结论编制成"车辆状况调查表"，由评估人员查勘后填写。

有了"车辆成新率评定表"，就可以根据车辆成新率评定表，确定综合成新率。例：当一辆二手车的理论成新率为91％，现场查勘成新率为83％时，使用综合成新率法评估该车辆。

综合成新率 N 的确定：$N = N_1 \times 40\% + N_2 \times 60\% = 91\% \times 40\% + 83\% \times 60\% = 36.4\% + 49.8\% = 86.2\%$

上述成新率的估算方法往往只考虑了一种因素，如使用年限法计算的成新率仅仅考虑了使用年限因素对车辆的实体性损耗的影响，行驶里程法仅考虑了行驶里程因素所导致的损耗。部件鉴定法虽然考虑了各个部件的损耗情况，但却没有充分考虑到年限及行驶里程对车辆价值的影响。

因此如果采用公式：评估值＝重置成本×成新率，计算得到的数值作为被评估车辆的价值，显然是不准确的。为了避免单一因素成新率计算的不足，可以以一个折扣率来衡量其他因素对车辆价值影响的大小。

折扣率的估算根据市场同种车型的供求关系、宏观经济政策、对车价变化的未来预期及市场实现的难易等因素，由二手车估价师依据评估经验进行判定。

3.1.3.2 收益现值法

1. 收益现值法的定义

收益现值法又称收益还原法、收益资本金化法，它是将被评估的车辆在剩余寿命期内的预期收益用适用的折现率折现为评估基准日的现值，并以此确定评估价格的一种方法。

2. 折现率的选择

1）折现率的概念

折现率是指将未来有限期内的预期收益折算成现值的比率，折现率又称为资金收益率。

收益现值法中的折现率也是一个比较难解决的问题。确定折现率必须谨慎，折现率的微小变化，都会给评估的结果带来较大的影响，折现率不仅要有定性分析，还要有定量分析。

2）折现率的构成

二手车评估中的折现率由无风险报酬率和风险报酬率两部分组成，即

$$折现率＝无风险报酬率＋风险报酬率$$

（1）无风险报酬率。

无风险报酬率反映的是在本金没有违约风险、期望收入得到保证时的资金的基本价值。

（2）风险报酬率。

风险与收益的关系可以用风险报酬率来表达。在资产评估学中，风险报酬率表述为"风险补偿额相对于风险投资额的比率"。

（3）折现率的选取原则。

①折现率必须高于无风险利率。

②折现率应体现投资回报率。

③折现率应能够体现资产的收益风险。

④折现率应与收益口径相匹配。

（4）折现率的确定方法。

折现率的确定方法有累加法、市场比较法和社会平均收益率法三种，汽车营运确定折现率一般使用累加法。累加法的计算公式：

$$折现率＝无风险利润率＋风险利润率＋通货膨胀率$$

其中：风险报酬率＝行业风险＋经营风险＋财务风险

采用累加法的关键是要准确判定各项风险报酬率。二手车评估中汽车营运行业风险报酬率一般取 3‰～5‰。

3. 二手车价值评估的计算方法

1）收益现值法评估的程序

（1）调查、了解营运车辆的经营行情和营运车辆的消费结构。

（2）充分调查了解被评估车辆的情况和技术状况。

（3）确定评估参数，即预测预期收益，确定折现率。

（4）将预期收益折现处理，确定汽车评估值。

2）收益现值法计算公式

（1）基本计算公式：

$$P = \sum_{t=1}^{n} \frac{A_t}{(1+i)^t} = \frac{A_1}{(1+i)^1} + \frac{A_2}{(1+i)^2} + \cdots + \frac{A_n}{(1+i)^n}$$

式中，A_t——未来第 t 个收益期的预期收益。

(2)特例的计算公式。

当二手车每年预期收益均相同，即，式中的 $A_1=A_2\cdots=A_n$ 时，也就是从 $1\sim n$ 年的未来收益都一样，均为 A 时，则有：

$$P = A \cdot \left[\frac{1}{1+i} + \frac{1}{(1+i)^2} + \frac{1}{(1+i)^3} + \cdots + \frac{1}{(1+i)^n}\right]$$

$$= A \cdot \frac{(1+i)^n - 1}{i \cdot (1+i)^n} = (P/A, i, n)(简记符号)$$

式中，$\dfrac{1}{(1+i)^t}$ ——现值系数；

$\dfrac{(1+i)^n - 1}{i \cdot (1+i)^n}$ ——年金现值系数；

P/A ——年限值符号；

i ——折现率；

n ——收益年期。

(3)年金系数表(表 3-1)。

表 3-1 年金系数表

期数	i(折现率)								
(n)	12%	13%	14%	15%	16%	17%	18%	19%	20%
1	0.8929	0.885	0.8772	0.8696	0.8621	0.8547	0.8475	0.8403	0.8333
2	1.6901	1.6681	1.6467	1.6257	1.6052	1.5852	1.5656	1.5465	1.5278
3	2.4018	2.3612	2.3216	2.2832	2.2459	2.2096	2.1743	2.1399	2.1065
4	3.0373	2.9745	2.9137	2.855	2.7982	2.7432	2.6901	2.6386	2.5887
5	3.6048	3.5172	3.4331	3.3522	3.2743	3.1993	3.1272	3.0576	2.9906
6	4.1114	3.9975	3.8887	3.7845	3.6847	3.5892	3.4976	3.4098	3.3255
7	4.5638	4.4226	4.2883	4.1604	4.0386	3.9224	3.8115	3.7057	3.6046
8	4.9676	4.7988	4.6389	4.4873	4.3436	4.2072	4.0776	3.9544	3.8372
9	5.3282	5.1317	4.9464	4.7716	4.6065	4.4506	4.303	4.1633	4.031
10	5.6502	5.4262	5.2161	5.0188	4.8332	4.6586	4.4941	4.3389	4.1925
11	5.9377	5.6869	5.4527	5.2337	5.0286	4.8364	4.656	4.4865	4.3271
12	6.1944	5.9176	5.6603	5.4206	5.1971	4.9884	4.7932	4.6105	4.4392
13	6.4235	6.1218	5.8424	5.5831	5.3423	5.1183	4.9095	4.7147	4.5327
14	6.6282	6.3025	6.0021	5.7245	5.4675	5.2293	5.0081	4.8023	4.6106
15	6.8109	6.4624	6.1422	5.8474	5.5755	5.3242	5.0916	4.8759	4.6755

3) 各评估参数的确定

(1) 收益年期(n) 的确定。

收益年期即剩余经济寿命期，是指从评估基准日到车辆到达报废的年限。如果剩余经济寿命期估计过长，就会高估车辆价格；反之，则会低估价格。

(2) 预期收益额(A_t) 的确定。

在收益现值法的实际运用中，收益额的确定是关键。收益额是指被评估对象在使用过程中产生的超出其自身价值的溢余额。

(3) 折现率(i) 的确定。

折现率是一种特定条件下的收益率，说明车辆取得该项收益的收益率水平。就目前而言，汽车营运行业的折现率一般为 12%～20%。

4. 用收益现值法评估车辆价值

例题：2023 年 6 月，某评估机构欲对一辆正常使用的中型载货汽车进行评估，该车初次登记日为 2015 年 6 月，经市场调查和预测，该车每年可带来预期收入 12 万元，汽车投入的营运成本每年为 7.4 万元，企业所得税为 25%，折现率为 12%，试评估该车的价值。

评估与分析过程如下：

(1) 根据已知条件，采用收益现值法评估该车价值；

(2) 该车已使用 7 年，规定使用年限为 15 年，故，剩余使用年限为 15－7＝8(年)

(3) 该车为企业带来的年预期收益：$A_0 = 12 - 7.4 = 4.6$(万元)

(4) 税后净收益：$A = A_0 \times (1-25\%) = 4.6 \times (1-25\%) = 3.45$(万元)

(5) 查年金现值系数表，得 $(P/A, 12\%, 8) = 4.9676$

(6) 该车评估值：

$P = A \times (P/A, 12\%, 8) = 3.45 \times 4.9676 = 17.1382$(万元)

3.1.3.3 现行市价法

现行市价法又称市场法、市场价格比较法，是指通过比较被评估车辆与最近售出的类似车辆的异同，并将类似车辆的市场价格进行调整，从而确定被评估车辆价值的一种评估方法。

现行市价法是最直接、最简单的一种评估方法。

这种方法的基本思路是通过市场调查选择一个或几个与评估车辆相同或类似的车辆作为参照物，分析参照物的构造、功能、性能、新旧程度、地区差别、交易条件及成交价格等，并与评估车辆——对照比较，找出两者的差别及差别所反映在价格上的差额，经过调整，计算出二手车辆的价格。

1. 现行市价法应用的前提条件

(1) 需要有一个充分发育、活跃的二手车交易市场，有充分的参照物可取。

(2)参照物及其与被评估车辆有可比较的指标，技术参数等资料是可收集到的，并且价值影响因素明确，可以量化。

2. 采用现行市价法评估的步骤

1) 考察鉴定被评估车辆

收集被评估车辆的资料，包括车辆的类别、名称、型号等。了解车辆的用途、目前的使用情况，并对车辆的性能、新旧程度等作必要的技术鉴定，以获得被评估车辆的主要参数，为市场数据资料的搜集及参照物的选择提供依据。

2) 选择参照物

按照可比性原则选取参照物。车辆的可比性因素主要包括类别、型号、用途、结构、性能、新旧程度、成交数量、成交时间、付款方式等。参照物的选择一般应在两个以上。

3) 对被评估车辆和参照物之间的差异进行比较、量化和调整

(1) 销售时间差异的量化。

在选择参照物时，应尽可能地选择在评估基准日成交的案例，以免去销售时间允许的量化步骤。若参照物的交易时间在评估基准日之前，可采用指数调整法将销售时间差异量化并予以调整。

(2) 车辆性能差异的量化。

车辆性能差异的具体表现是车辆营运成本的差异。通过测算超额营运成本的方法将性能方面的差异量化。

(3) 新旧程度差异的量化。

被评估车辆与参照物在新旧程度上不一定完全一致，参照物也未必是全新的。这就要求评估人员对被评估车辆与参照物的新旧程度的差异进行量化。

$$差异量＝参照物价格×（被评估车辆成新率－参照物成新率）$$

(4) 销售数量、付款方式差异的量化。

销售数量大小、采用何种付款方式均会对车辆的成交单价产生影响。对销售数量差异的调整采用未来收益的折现方法解决；对付款方式差异的调整，被评估车辆通常是以一次性付款方式为假定前提，若参照物采用分期付款方式，则可按当期银行利率将各期分期付款额折现累加，即可得到一次性付款总额。

4) 汇总各因素差异量化值，求出车辆的评估值

对上述各差异因素量化值进行汇总，给出车辆的评估值。数学表达式：

$$被评估车辆的价值＝参照物现行市价×\Sigma 差异量$$

或：
$$被评估车辆的价值＝参照物现行市价×差异调整系数$$

用市价法进行评估，了解市场情况是很重要的，并且要全面了解，了解的情况越多，评估的准确性越高，这是市价法评估的关键。

运用市价法收购二手车的贸易企业一般要建立各类二手车技术、交易参数的数据库，以提高评估效率。用市价法评估已包含了该车辆的各种贬值因素，包括有形损耗贬值，功能性贬值和经济性贬值。因而用市价法评估不再专门计算功能性贬值和经济性贬值。

3. 采用现行市价法的优缺点

1）现行市价法的优点

（1）能够客观反映二手车辆目前的市场情况，其评估的参数、指标直接从市场获得，评估值能反映市场现实价格。

（2）结果易于被各方面理解和接受。

2）现行市价法的缺点

（1）需要公开及活跃的市场作为基础，然而我国二手车市场还只是刚刚建立，发育不完全、不完善，寻找参照物有一定的困难。

（2）可比因素多而复杂，即使是同一个生产厂家生产的同一型号的产品，同一天登记，由不同的车主使用，其使用强度、使用条件、维护水平等多种因素作用，都会导致其实体损耗、新旧程度各不相同。

4. 现行市价法的应用场合

现行市价法要求评估人员经验丰富，熟悉车辆的评估鉴定程序、鉴定方法和市场交易情况，特别适合用于成批收购、鉴定和典当。

单件收购估价时，还可以讨价还价，达成双方都能接受的交易价格。

5. 案例分析

1）销售数量量化的调整

例：市场上有6台完全相同的车辆待出售。经调查，该地区市场上此类车辆平均每年只售出2辆。于是为满足买主的要求，卖方同意以优惠价格一次性同时出售6辆汽车。而可选择的近期交易参照物单辆售价为4万元。试用现行市价法评估此6辆汽车的现值。

①直接以参照物的价格出售，即每辆汽车4万元。当年销售2辆汽车，可得销售收入为2×4万元＝8万元

②其余4辆汽车如逐年销售，2年后才能售完。每辆汽车4万元，以参照物单价为标准，未来每年可得销售款8万元。以此为基础，折算4辆汽车的现值，适用的折现率为10％。

③实际上这是一个未来收益的折现问题。根据未来收益现值法的公式，可计算4辆汽车的现值为80 000×[(1＋10％)×2－1]÷10％×(1＋10％)×2＝138 843元

④6辆汽车同时出售的评估值：80 000元＋138 843元＝218 843元

2）现行市价法评估应用举例

例：评估人员在对某辆汽车进行评估时，选择了三个近期成交的与被评估车辆类

别、结构基本相同,经济技术参数相近的车辆作为参照物(表3-2)。

表3-2 被评估车辆与参照车辆的有关技术经济参数

技术经济参数	参照车辆A	参照车辆B	参照车辆C	被评估二手车
车辆交易价格	50 000元	65 000元	40 000元	待求评估值
销售条件	公开市场	公开市场	公开市场	公开市场
交易时间	6个月前	2个月前	10个月前	—
已使用年限	5年	5年	6年	5年
尚可使用年限	5年	5年	4年	5年
成新率	60%	75%	55%	70%
年平均维修费用	20 000元	18 000元	25 000元	20 000元
百千米耗油量	2.5 L	2.2 L	2.8 L	2.4 L

(1)已知成新率的差异:
①A车与被评估车辆由于成新率的差异所产生的差额为
$$50\ 000 元 \times (70\% - 60\%) = 5000 元$$
②B车与被评估车辆由于成新率的差异所产生的差额为
$$65\ 000 元 \times (70\% - 75\%) = -3250 元$$
③C车与被评估车辆由于成新率的差异所产生的差额为
$$40\ 000 元 \times (70\% - 55\%) = 6000 元$$

(2)初步确定车辆的评估值。

对被评估二手车与参照车辆之间的差异进行比较和量化,与参照物A相比分析调整差额。

①销售时间的差异。

根据搜集到的资料表明,在评估之前到评估基准日之间的1年内,物价指数大约每月上升0.5%左右。各参照车辆与被评估二手车由于时间差异所产生的差额:被评估二手车与参照车辆A相比较晚6个月,价格指数上升3%,其差额为50 000元×3%=1500元

②车辆性能差异。

各参照车辆与被评估二手车每年由于燃油消耗的差异所产生的差额,按每日营运150 km、每年平均出车250天,燃油价格按每升2.2元计算。参照车辆A每年比被评

估二手车多消耗燃料的费用：(25－24)×2.2×150/100×250＝825(元)

各参照车辆与被评估二手车每年由于维修费用的差异所产生的差额，参照车辆 A 与被评估二手车每年维修费用的差额：20 000－20 000＝0(元)

各参照车辆与被评估二手车每年由于营运成本的差异所产生的差额，参照车辆 A 比被评估二手车每年多花费的营运成本：油耗差额＋维修费用差额＝825 元＋0 元＝825 元

取所得税率为 33％，则税后参照车辆 A 每年比被评估二手车多（或少）花费的营运成本为 825 元×(1－33％)＝552.75 元

适用的折现率为 $i＝10\%$，则在剩余的使用年限内，参照车辆 A 比被评估二手车多（或少）花费的营运成本折现累加为

$$552.75 \text{元} \times \frac{(1+10\%)^5-1}{10\% \times (1+10\%)^5} = 2095 \text{元}$$

(3) 与参照物 A 相比分析调整差额，初步评估的结果：

车辆评估值＝50 000 元＋1500 元＋2095 元＋5000 元＝58 595 元

(4) 同上，与参照物 B 相比分析调整差额，初步评估的结果：

车辆评估值＝65 000 元＋550 元－9270 元－3250 元＝53 030 元

(5) 与参照物 C 相比分析调整差额，初步评估的结果：

车辆评估值＝40 000 元＋2000 元＋17 628 元＋6000 元＝65 628 元

从上述初步估算的结果可知，按三个不同的参照车辆进行比较测算，初步评估的结果最多相差 12 598 元。其主要原因是三个参照车辆的成新率不同；另外，在选取有关的技术经济参数时也可能存在误差。为减少误差，结合考虑被评估二手车与参照车辆的相似程度，可以采用加权平均法确定评估值。

任务实施

1. 作业说明

某二手车交易中心欲收购某顾客的二手车，邀请评估师对车辆进行估价，评估师需要考虑市场供求关系，在鉴定评估的基础上，确定这辆车的收购价格。根据不同的定价方法，计算这辆车的收购定价。

2. 作业流程

(1) 计算二手车的收购定价。

(2) 填写考核工单。

3. 填写考核工单

车辆基本信息	车辆 VIN 码		车辆类型	
	厂牌型号		登记日期	
	已使用年限		报废年限	
	行驶里程		使用性质	
	税费		其他	
估算方法	公式及计算过程			结果
重置成本法				
现行市价法				
收益现值法				

自我测试

(1) 重置成本评估法的适用范围有哪些？影响因素有哪些？

___

(2) 现行市价评估法的适用范围有哪些？影响因素有哪些？

___

(3) 收益现值评估法的适用范围有哪些？影响因素有哪些？

___

拓展学习

二手车评估计算器

当下最为流行的二手车价格查询的基本方式就是二手车评估计算器，这是一种在网络上提供二手车价格计算公式的计算工具，可根据车辆的具体年份、里程数及车辆的配置等情况对二手车进行估价计算。

针对车辆的基本情况进行评估定价，二手车买卖评估一般要看以下几个方面。

一是新车市场价，看看该车具体所属品牌，车型。查看该款车的市场价格，如果没有相同型号的汽车，则可参照最为相近的相同品牌的新车，考虑加减配置后得到最为接近的新车市场价。

二是初步估算折旧率，简单来说就是先打开发动机盖查看车辆出厂时间，之后查看发动机登记证书。根据两者的差值得出该车是不是库存车。

因为一般来说车辆出厂时间和上牌的时间差距不应该超过半年，否则就可怀疑为库存车。计算车辆的车龄最准确的方法还是根据上牌时间为准，一般来说，新购买的车辆头五年的折旧率依次为15%、12%、10%、8%、7%。五年之后每年的折旧率约为5%。

三是调整实际折旧率。实际折旧率就是除去参考值之外的实际车况所反映出来的折旧状况。因为理论上的折旧率只是一个参考，并不能完全作为实际折旧率的标准。

例如，车辆外观较新折旧率减1%，行驶里程数小于两万千米每年减少1%，公车加1%，该车型市面已无销售加1%，保有量大减去1%，新车价格稳定减1%，内饰干净减1%。

四是修正车价偏差值。将第一步查到的新车市场价×（第1~3步得出的折旧率），就可以计算出该二手车大约的残值。

一般来说传统二手车交易市场上的二手车标价还有5%~20%下浮空间；一般车龄较新的二手车不愿久放，利润不大就会卖；一般车龄超过5年的二手车不怕放，因此价格不合适卖主不一定着急卖。

二手车评估价格查询其实就是自己根据车辆的基本情况，使用二手车评估计算器这个工具大约得出的评估价格。如果想要准确地评估自己的车，建议还是直接到二手车市场找专业的二手车评估师来检测定价。

任务 3.2

二手车收购作业

任务引入

二手车交易中心欲收购某顾客的二手车,已邀请评估师对车辆进行估价,请协助二手车交易中心办理相关的收购业务。

学习目标

(1)了解二手车收购合同的订立。
(2)熟悉二手车的收购流程。
(3)能够完成二手车收购环节的基础业务。
(4)培养良好的沟通能力,树立团队合作意识。
(5)以事实为依据,培养公平公正的品质。

知识准备

3.2.1 二手车的收购流程

二手车收购的基本流程为收购接待、二手车查定与评估、收购价格协商、查档刑侦、签订二手车收购合同、交易过户、二手车整备入库。

3.2.1.1 收购接待

收购接待流程主要是对车主身份及相关证件进行初步的核对,同时也是交易双方初步了解的过程,为后续的交易过程奠定良好的沟通基础,在这个环节,收购人员要通过得体的沟通礼仪,标准的接待话术,为客户引荐评估师,同时建立客户对交易中心的认同感和信任度。

3.2.1.2　二手车查定与评估

二手车查定与评估流程包括车辆手续查定和车辆鉴定。

车辆手续查定主要用于判断该车是否具备交易的合法性，了解车主的基本信息，查验车辆的各项手续。主要包括以下内容：

(1)车辆登记证书；

(2)行驶证；

(3)购置税完税证明；

(4)商业保险保单；

(5)新车发票或二手车交易发票；

(6)4S店记录；

(7)购车合同。

车辆鉴定就是对车辆价值的认定，需要评估师客观评价车辆的各项技术状况，以便于后续车辆收购价格的认定。

3.2.1.3　收购价格协商

价格协商流程直接决定交易是否成功。二手车评估师会经过车辆鉴定分辨出车辆的真实车况，根据实际车况结合市场价值及成本卖价等，来确定一个合理的收车价格，也可以由车主提出期望价格，最终通过协商确认双方都认可的成交价格。

3.2.1.4　查档刑侦

查档刑侦是由车辆管理部门对车辆身份进行核对，未能通过的车辆不能进行交易，这是收购合法车辆最有效的保证。

3.2.1.5　签订二手车收购合同

交易双方协商一致，车辆手续齐全，车辆身份无误，就可以进入签订协议的阶段。为保障交易双方的法律权利，二手车收购合同可以采用政府提供的参考文本。

为了保险起见，对于车辆的基本车况，像年限、有无重大事故、公里数等都要写在合同里，同时明确双方责任，以免发生法律纠纷。一些合同上未打印的补充条款，也要补充完整。各类事项确定后，认真填写合同上的每一项内容，特别是交易金额。

3.2.1.6　交易过户

合同签订后就可以过户打款。

车辆过户又称为车辆的过户转移登记手续。需要买卖双方携带身份证原件、户口本，如果是外地户口，需要携带暂住证；如果车辆是单位或企业的则需提供组织机构代码证书原件及公章到车管所进行过户手续，以下是过户流程：

(1)现机动车所有人填写《机动车过户、转出、转入登记申请表》并按规定签章。

(2)交验机动车行驶证和机动车登记证书（未领取过机动车登记证书的原机动车所

有人须填写"补领、换领机动车牌证申请表"并按规定签章)。

(3)提交双方机动车所有人的身份证原件及代理人的身份证明(汽车过户时,应先经所在地县(市、区)车管所(组)审核签章)。

(4)交验机动车辆后到交易市场进行交易并按规定办理其他相关手续。

(5)交回机动车行驶证(须换发号牌时,同时交回原机动车号牌)。

(6)微机公开选号,领取机动车号牌(在同一辖区内,双方车主均为单位或均为个人,且使用性质不变的,原号牌不变)。

(7)安装号牌,拍摄车辆照片,领证。

3.2.1.7　二手车整备入库

收车入库,评估师要对车辆进行初步审核,检验车辆证件、车主信息、保险信息及车辆基本状况,对于符合标准的车辆进行登记入库。入库车辆要及时建立车辆档案,为有效管理及迅速进入下一环节做准备。

3.2.2　二手车收购谈判

二手车收购其实和卖车一样,首先要与客户建立信任关系,除开个人独有的人格魅力之外,剩下的就是出色的沟通能力及专业权威性。

首先是沟通能力,这个需要长时间的积累,通过经验来摸透用户的心理情况,最终与其建立信任关系;然后就是专业权威性,持有受到市场及客户认可的二手车评估师证书,比如说人社部门及全国工商联汽车商会颁发的证书。

下面分享两个二手车收购中的用语,供大家参考。

(1)引见评估师:

"×先生,这是我们店的高级评估师×××,我们店所有收购的车辆都是他亲自评估的,在这个圈子里,他可是专家。"

(2)二手车收购接待:

"我们专业的评估师会对您的爱车进行免费评估,并给出一个合适的市场价格,如果您觉得满意我们就可以进行交易了。"

3.2.3　二手车收购的经营技巧

对于经营二手车的车行而言,没有收购就没有销售,就无法产生利润,企业将无法生存,二手车的收购来源就是经营者的生存之源。拓展二手车收购的来源以后,有效提高成交率才能真正实现有效收购,因此,在二手车收购经营中,如何拓展业务来源及如何提高成交率是两个最重要的环节。

3.2.3.1　拓展收购业务

目前,国内的二手车的车源主要有以下几个渠道。

1. 4S店置换部门

近些年 4S 店开始逐步拓展二手车业务，不再局限于新车业务之后，凭借着自身的优势获得了相当多的二手车源。

2. 拍卖平台

随着互联网的发展，涌现出了不少二手车拍卖平台，因此许多二手车商都会在这些平台上收购二手车，但是这些拍卖平台的二手车车况不确定，所以学习二手车鉴定评估技能很有必要。

3. 个人车源

最主流的二手车来源目前是私家车，也是二手车市场的主流产品和比较受欢迎的产品，因为私人用车相对来说还是比较爱惜的，车况方面也相对较好，购买的时候很多客户也是优先选择这类车型。

4. 从修理厂、轮胎店、车险公司等有关公司回收

很多人在卖车前会流露一些车辆置换信号，如维护检修时会偏传统，不急着更换或维修，也有的会非常关注新车型的基本信息。因而，二手车经营人还可以从修理厂、轮胎店或车险公司等相关服务项目的工作人员处得到二手车车主信息，以得到二手车车源。

5. 同行批发

同行包括两种情况：一种情况是双方都是二手车商，有时候为了保证自己的现金流，会采取批发的模式将车辆批发给同行；第二种情况就是二手车交易平台，他们的客户以二手车商为主，二手车商很多车源来自二手车交易平台。

6. 老客户资料

老客户资料不仅仅是老客户本身的车辆更换需求，并且还包括老顾客周边的顾客人群，物以类聚，人以群分，老顾客周边的潜在客户经济实力大多数与老客户相仿，因而，发掘老客户资料也很重要。

3.2.3.2 提高成交率

（1）规范操作，增加诚信度。行业诚信度不高、从业人员普遍素质不高是由二手车行业发展历史造成的，带来的直接结果就是车主们在卖车时总是带着怀疑的心态，导致成交困难。专业的服务形象、规范的操作流程、合适的商业礼仪有助于消除客户疑虑，从而促进顺利成交。

（2）把握客户心态，有效解决客户疑虑。许多客户卖车时并不一定只关注价格，也会关注车辆交接以后的安全问题、车款的支付问题及卖车手续的复杂程度等，因此，把握客户心态，采取合适的方案，有效解决客户疑虑有助于提高成交率。

(3)娴熟的鉴定手法，坚守的报价。这样做无非就是告诉车主一个信息，"我是最专业的，价格也绝对是最公道的"。相信任何一个车主都不会去相信一个连发动机盖都不知如何打开的"评估师"报出的价格。报价时的模棱两可会给车主一个信息，那就是"价格还有很大的商量余地，收购人员在试探我"，给人很不诚信的感觉。

(4)准确报价。要做到准确报价就必须非常熟悉每一款车的市场状况。单个评估师做到这一点很难；但是，可以采取两人同行的方式，即两个评估师一同参与接待，一个评估师在鉴定车辆时，另一个评估师可以同步进行有针对性的价格咨询，以获得该车型准确的市场信息，然后提供给鉴定车辆的评估师参考。同时，两人同行也可以最大限度解决车况误判及私人炒单等经营风险。

(5)不要太在意收购价格。许多二手车收购人员往往会为了压低收购价，甚至为了500元的差价而跟客户进行长时间的纠缠，这些是完全没有必要的，因为这样做即使成交了，客户心里也会有所不满。殊不知收购人员获取客户满意，而挖掘其周边客户资源，将会获得更大的利益。因此，当价格差距不大时，不要刻意压低收购价格。

(6)把握客户成交阶段，谨慎报价。客户处于咨询了解阶段与真实想卖车时的心态是不一样的，客户不了解二手车行情与基本了解行情确认要成交时价格的要求也是不一样的。把握客户成交阶段，谨慎报价的技巧也很重要。

(7)不必追求每一台车最终都能赚钱。希望每一台车都赚钱当然是每一个二手车商的愿望，但是，倘若在收购价格上刻意保守，即使可以实现"每一台车都赚钱"，但其经营机会却会因此丧失不少。

任务实施

1. 作业说明

二手车交易中心欲收购某顾客的二手车，已邀请评估师对车辆进行估价，请协助二手车交易中心办理相关的收购业务，包括收购接待、二手车查定与评估、收购价格协商、查档刑侦、签订二手车收购合同、交易过户、二手车整备入库。

2. 作业流程

(1)收购接待；

(2)二手车查定与评估；

(3)收购价格协商；

(4)查档刑侦；

(5)签订二手车收购合同；

(6)交易过户；

(7)二手车整备入库。

汽车营销评估与金融保险**服务技术**

自我测试

(1)二手车收购作业的流程是什么？

(2)车辆手续查定主要包括哪些内容？

(3)二手车过户的流程是什么？

拓展学习

二手车收购风险

谈到二手车就必然谈到购买"风险"，二手车比新车更符合我国当下的国民经济，但收购二手车，存在收购风险，对收购风险的认知能够增加可预见性，更好地规避收购风险。

(1)风险一：车况风险

事故车、泡水车、火烧车、调表车、切割车、故障车等名词屡见不鲜，这类车况不明存在安全隐患的二手车，原件被更换翻新过，不良车商整备做得精细一点就能掩人耳目，其质量和安全都存在很大的隐患，购买后没有保障。一旦买到这类车况不明的车辆，将来的维修费用可能是个无底洞，风险极大。

(2)风险二：权益风险

假设购买到在公安局记有盗抢信息备案的车辆，是无法办理过户的。不仅如此，还有可能要承担刑事责任。另外，车辆若是存在所有权、抵押权的纠纷，一旦债权人、银行上门要车时，购买方是弱势群体，维权之路漫长，权益纠纷难以解决。此外合同条款方面稍不注意，就很难保证自己的基本权益。

(3)风险三：手续风险

很多的二手车商其车辆手续不齐全，甚至有的二手车过户多次，手续混乱，过户次数越多手续越繁杂，手续方面也存在着很大的风险。

模块四
二手车整备及质量认证

任务 4.1

二手车整备

任务引入

董师傅是丰田 4S 店二手车业务部门的二手车认证师，在这个岗位已经工作 15 年了，今天店里收购了一台使用了 4 年的丰田凯美瑞，为了保证车辆在后期销售、使用中的安全和舒适，还原一个良好的车况，董师傅带领徒弟小王，进行该车的整备工作。

学习目标

(1) 掌握二手车整备的步骤和内容。
(2) 掌握二手车整备的方法。
(3) 能够按照工艺规范进行二手车的清洁、修补、维护、翻新。
(4) 能够规范使用工具。
(5) 培养责任意识、磨炼耐心、塑造严谨细致的工作作风。
(6) 渗透"质量意识""质量强国"的理念，激发"责任担当"的爱国主义精神。

知识准备

2023 年 2 月，中共中央、国务院印发《质量强国建设纲要》中提出，面对新形势新要求，必须把推动发展的立足点转到提高质量和效益上来，培育以技术、标准、品牌、质量、服务等为核心的经济发展新优势，推动中国制造向中国创造转变、中国速度向中国质量转变、中国产品向中国品牌转变，坚定不移推进质量强国建设。汽车行业是制造业的重要组成，建设质量强国，我国汽车行业重任在肩。

二手车业务作为汽车流通领域的新兴业务，是独立于汽车制造厂商之外的一条重要的汽车供给渠道，二手车整备工作，是质量把控的关键环节。

4.1.1 二手车整备概述

4.1.1.1 二手车整备的目的

近年来二手车市场在国内发展迅速,配套体验也跟着全方位升级。在一、二线城市主流二手车市场几乎已经看不见表面"带伤"的二手车出现了,这些离不开二手车经销商们细心的整备工作。

二手车整备是指对收购回来的二手车进行必要的保养、零部件更换、整修翻新、清洁等工作,使其恢复良好的使用性能和车况,确保使用的安全性和舒适性。

二手车整备最主要的目的是排除车辆故障和安全隐患,确保新的车主能正常使用车辆。在二手车行业中,整备是非常常见的一项工作,正规的二手车店,都会在车辆展示出售前进行整备。整备可以让车辆内外(包括发动机舱和悬挂及底盘的部分位置)达到最优状况,也为下一步的钣金、补漆、皮面擦拭和车厢内消毒做准备。当完成一系列整备后,新车主在使用时才会更加安全、舒适、美观,这样既可以获得买主的好口碑,也能使车辆更快地销售出去。

4.1.1.2 二手车整备的原则

二手车整备需要投入一定的人力和成本,因此整备的首要原则是提升二手车的安全性,其次就是车辆的驾驶舒适性、外观颜值等。

1. 安全性原则

安全项整备包括轮胎、刹车系统。查看轮胎是否漏气鼓包,再看胎纹深度,小于1.6 mm时建议更换。查看刹车片及制动液,刹车片如果已经磨得很薄,就需要更换;检测制动液的水分含量,含水量超过标准就需要更换。

2. 驾驶舒适性原则

驾驶舒适性项目整备:动力系统项、底盘系统项。对于年份较久的车辆,发动机以及变速箱需要进行多个部件的更换,比如:机油、变速箱油、机油滤芯、空气滤芯、汽油滤芯、火花塞等。如果车辆在过坑、高速等状态下震动明显,或底盘异响,就需要检查、更换底盘橡胶缓冲件。主要根据实际情况来确定。

3. 美观性原则

美观性项目整备:内饰清洁、外观整备。清洁内饰主要是为了给车主一个干净清新的驾驶环境,也体现了对环保、客户健康的关注。外观整备包含清理掉前任车主在车上的各种装饰件,把剐蹭的部位重新做漆等。这个也不是必备项,如果对车辆外观的标准要求不是很高,可以不做,但是品牌二手车都会很关注每个细节,力求车辆没有缺陷。

4.1.1.3 二手车整备流程

二手车整备,从客观的角度来讲,是二手车行业正规化的一个必不可少的步骤和流程。二手车整备是一个标准化、专业化的过程,涉及评估师、整备师,甚至机械工程师、电气工程师、维修技师等。在车辆出售之前,都需要经过严格的整备流程。

(1)接车:需要入库登记表。以某品牌官方认证二手车为例,评估师要对车辆进行初步审核,检验车辆证件、车主信息、保险信息及车辆基本状况,对于符合标准的车辆进行登记入库。

(2)整备前检查:依据估价报告表,确认维修项目,对整修任务进行分工。

(3)进行整备:依据整备规范、机修项目进行施工,预估上架日期和整修费用并进行追踪管控。

(4)整备追加:如有需要追加的整备项目,则需要进行追加项目的确认与安排。

(5)上架前确认:对实车进行动能测试,审核维修单据,依整备项目规范做最终检查。

(6)上架检查:整备过后,再次依据制订的维修项目对车辆整体进行检查,看是否达到要求。

(7)完成整备:确认车况良好,便可完成整备,等待展示出售。

4.1.2 二手车整备步骤及方法

二手车整备工作的核心是车辆手续整备、车辆整备两个部分。

4.1.2.1 二手车手续整备

(1)检查车辆的手续证件是否齐全,手续缺失先行补办。手续证件具体包括机动车登记证、车辆行驶证、购车发票、车辆购置税完税证明、车辆保险单证等。

(2)对车辆年检有效期是否到期进行审验。

(3)检查车辆违章信息,如有违章先行处理。

4.1.2.2 二手车车辆维修整备

一般情况下,收购来的车辆或多或少都有些缺陷,为了使车辆能以更好的性能状况销售出去,就需要有更好的质量和吸引客户的漂亮外观,因此必须对车辆进行检修维护,确保经过整备翻新后,不仅其外观得以改善,车辆的性能状况也达到良好。对车辆进行再加工的过程,是一项对回收车辆进行价值提升的过程。

1. 发动机检查

首先要检查发动机的相关辅料,主要包括机油、机油滤芯、空气滤芯。

随后要检查蓄电池,如果蓄电池用了三年以上,建议更换。一般这种蓄电池的寿命是3~5年,蓄电池的质量与时间的长短、使用情况、里程数和电池本身的质量都有关系,只要没有损害或严重亏电,可不进行更换。

最后,要检查点火系统、燃油供给系统,如火花塞、喷油嘴和进气道等是否需要清洗、更换。另外,对于发动机采用正时皮带的车型,还要观察皮带是否有裂纹,松紧是否合适,车龄较老的,建议更换皮带。

2. 制动液检查

制动液检查是一项重要的保养工作，关系到行车安全。通常，制动故障主要是由制动液中的水分引起的。检测制动液的含水量，如果大于4%，则必须更换。

3. 变速箱油更换

变速箱油也需要根据变速箱的类型来检查，如果是手动挡的车，变速箱油基本上100 000 km换一次就可以。如果是自动变速箱的话大概60 000 km换一次。

4. 防冻液更换

长期不换防冻液会对水泵、节温器等产生很大的损伤，汽车出行开锅、水温过高等情况多数是由这些原因引起的，所以为了保护汽车的冷却系统，应该按时更换防冻液。检查水箱中的防冻液是否缺液，颜色是否改变，如果颜色明亮还很清澈，暂时不用更换。

5. 底盘部分

检查摩擦片的厚度及制动盘的磨损程度，以确定是否更换。制动盘如果不平，刹车会抖动。减振系统如有漏油现象，就要进行更换，如果年份较长，如超过10年，即使无漏油也建议更换。底盘部分相关橡胶衬套：横向稳定杆、前摆臂、前支臂、后摆臂、后支臂（不同的车底盘结构可能不同），如果出现开裂老化，根据工艺要求进行更换。检查轮胎的磨损情况，至少更换一对轮胎，不能只更换单个。如果减振系统和底盘进行过拆装，则需要做四轮定位。

4.1.2.3 二手车清洁整备

整备除了保养维修以外，还要对车辆的外观和内饰进行翻新、清洁与装饰，达到"整旧如新"的感觉。整备是个非常细致的工作环节，一般情况下，除了需要重新喷漆的部分以外，仅清洁与美容部分，一部车需要两名专业人员工作6~7个小时才能完成。

1. 整车清洗

整车清洗是第一步，也是十分重要的一步。一般按照常规洗车的流程和方法进行清洁即可。车辆经过清洁后，有助于评估师观察车身外部是否存在缺陷、划痕等，这直接关系到后续补漆、钣金的实施。

2. 发动机机舱清洗

(1)揭开机盖，先喷洒清洗剂，再用刷子用力蹭刷，保证完全去除机盖上的油污和灰尘。

(2)用高压水枪冲洗前盖和发动机等，速度要快而均匀，以免电瓶、继电器盒子等遇水时间过长。

(3)高压水枪冲完发动机机舱部位后，趁水未干，再次喷洒清洗剂，清洗发动机细节部件，保证每个部件上下前后都清洗到位。一般常用做法是先用长刷用力刷洗大面，局部用小刷或木刷快速刷洗。几分钟后，再次用高压水枪整体冲刷前部即可。

3. 内室清洗

(1)把车内小物件取出,包括脚垫、备胎、挡板等,以便清洗。

(2)清理车厢内部,在地板和座椅上喷涂清洁剂,冲洗前要先用胶带遮住各车门的电窗控制开关,以免进水烧坏接触开关。

(3)用清洗剂清洗轮毂和备胎,同样要用平刷用力清洗。

(4)全车外观喷上清洗剂,用毛巾擦洗。

(5)擦洗之后,用高压水枪冲洗整车外观,然后将车开到干净地点擦干,完成清洗过程。

4.1.2.4 二手车整备标准

二手车整备操作有很多细节,需要有规范的标准指导工作,才能确保整备的效果(表4-1)。

表4-1 车辆整备操作标准

部位	目的	步骤和标准
全车外表	去除黏附在车身的污渍及排气油垢	(1)用清水洗净车身外部灰尘; (2)擦干全车水渍; (3)喷上清洗剂; (4)约15 min后用海绵擦拭全车
轮圈	清洁	(1)喷上铝合金轮圈专用清洁液; (2)等待数分钟之后刷干净; (3)检查胎压是否足够
发动机舱	清洁及检查	(1)打开发动机盖,检查各项油品(机油、制动液、冷却液、电解液、玻璃水等)是否足够且干净; (2)用清洗液清洗干净(需注意高压线圈、发动机点火系统及保险盒的防水效果); (3)检查并整理发动机舱线路
轮辋、门框和保险杠下方	去除泥垢及检查锈蚀	(1)用高压水管冲洗车轮及底盘等部分; (2)清洗前后翼子板内侧、车胎、轮辋细缝、前后保险杠下方、门框下方及门框内侧; (3)查看底盘有无掉漆及锈蚀现象,若有,先刮除锈斑,用砂纸磨过后再用同色漆修补
全车外表	清洗	(1)用清水冲掉清洗剂; (2)用清水将全车外部擦洗一遍; (3)用抹布将全车由上至下擦干,包括车窗玻璃、保险杠、前后灯罩和后视镜
车厢内部	清洁	(1)拿出车内所有的物品(包括地毯、脚垫、座椅套等),并清洗干净; (2)用吸尘器将车厢内部全部吸干净; (3)有污垢的地方用内饰清洁剂刷洗干净

续表

部位	目的	步骤和标准
仪表板和中控台	清洁	(1)用吸尘器将仪表板、中控台及座椅吸干净； (2)用棉花棒沾清洁液清洁各通风口的细缝凹槽； (3)以内饰专用清洁剂清理内饰，顺序为车顶内衬板、仪表板、中控台、门内衬板、座椅、地毯
后备箱	清洁及整理随车工具	(1)清出后备箱所有物品； (2)将备胎及后备箱地毯拿出来清洗； (3)用吸尘器将后备箱仔细吸干净； (4)喷上清洁液擦洗干净； (5)将随车工具归位
门框	清洁及防水	(1)打开车门看车内有无漏水； (2)清除车门框四周边缘及防水胶条上的水迹、泥垢； (3)检查门框防水条有无破损，如有破损立即更换； (4)检查门框边缘有无锈斑，若有，先刮除锈斑，再用砂纸磨后涂上同色漆
车门下方	清洁及排水	(1)检查车门底下是否有泥土及锈蚀； (2)清除泥土及锈蚀； (3)检查并确保门底下的排水孔通畅
车厢内部	上色	(1)内饰保养，皮革、塑料、绒布等不同材质需分别处理； (2)将洗干净的脚垫及座椅套装好
车辆外观	抛光打蜡	(1)将海绵打上一层粗蜡或烤漆白蜡，以直线方式对车顶、发动机盖、后备箱盖、车身左右等部位进行处理； (2)再用海绵打上一层细蜡，方法同(1)； (3)一个地方打完蜡再打下个部位，否则上蜡时间太久，抛光时很容易留下蜡痕
全车	终检	(1)全车玻璃上清洁液后，用干布擦拭干净； (2)检查车辆内外有无缺损的零件； (3)查看车身是否有擦伤掉漆，若有，用同色漆小心修补； (4)用软毛小刷去除车标、全车细缝及玻璃凹槽内残留的蜡渍； (5)轮胎喷上轮胎液

4.1.2.5 二手车整备验收

为了保证二手车整备的效果，还要对整备车辆进行验收。车辆整备验收要求如表4-2所示。

表 4-2 车辆整备验收表

整备区域	整备项目	验收标准	验收		验收说明
发动机机舱及轮胎区域	轮胎	全车轮胎胎壁无尘土	通过☐	不通过☐	
		全车胎壁干净无尘并附着橡胶护理剂	通过☐	不通过☐	
	轮毂	全车轮毂无粉尘及油渍、划伤	通过☐	不通过☐	
		全车轮毂干净明亮无污渍	通过☐	不通过☐	
	机盖	机盖上隔音棉无污渍及油渍	通过☐	不通过☐	
		机盖上锁扣无污渍及油渍	通过☐	不通过☐	
		机盖区域干净无油渍	通过☐	不通过☐	
	发动机	引擎无油渍及污渍	通过☐	不通过☐	
		引擎区域干净并呈现自然光泽	通过☐	不通过☐	
	机舱	防火墙无油渍及污渍	通过☐	不通过☐	
		前纵梁无油渍及污渍	通过☐	不通过☐	
		其余各部件无油渍及污渍	通过☐	不通过☐	
		引擎机舱内干净无油渍	通过☐	不通过☐	
车身外观	漆面	车辆钣件无明显划痕或浮凸	通过☐	不通过☐	
		车辆钣件呈现自然光泽漆面	通过☐	不通过☐	
	镀铬件、塑料件	车辆外观塑料件无泛白及陈旧色泽	通过☐	不通过☐	
		全车镀铬件无氧化斑点	通过☐	不通过☐	
		全车镀铬件呈现自然光泽颜色	通过☐	不通过☐	
		车辆塑料件呈现自然光泽色泽	通过☐	不通过☐	
	玻璃	全车玻璃(含天窗)无灰尘油渍	通过☐	不通过☐	
		左右后视镜无灰尘油渍	通过☐	不通过☐	
		室内后视镜无灰尘油渍	通过☐	不通过☐	
		全车玻璃、镜面及天窗干净无尘	通过☐	不通过☐	
车辆内饰	顶棚	全车顶棚无污渍泛黄	通过☐	不通过☐	
		全车安全把手无污渍泛黄	通过☐	不通过☐	
		全车遮阳板无污渍泛黄	通过☐	不通过☐	
		顶棚各区域干净无尘	通过☐	不通过☐	
	仪表区	空调出风口干净无尘	通过☐	不通过☐	
		储物箱、置物盒、烟灰缸干净无尘	通过☐	不通过☐	
		中央扶手区域干净无尘	通过☐	不通过☐	
		全车仪表、中控台无污渍	通过☐	不通过☐	

续表

整备区域	整备项目	验收标准	验收		验收说明
车辆内饰	门饰	门饰板上的电动开关干净无尘	通过☐	不通过☐	
		门饰板置物箱干净无尘	通过☐	不通过☐	
		后挡隔板区域干净无尘	通过☐	不通过☐	
		全车门饰板及后挡隔板干净无尘	通过☐	不通过☐	
	座椅	全车座椅车缝线区域干净无污渍	通过☐	不通过☐	
		全车头枕与座椅结合区域无污渍	通过☐	不通过☐	
		全车座椅滑轨无污渍及尘土	通过☐	不通过☐	
		全车座椅椅面干净无尘	通过☐	不通过☐	
	地毯	双前座椅两侧及底部无污渍及杂物	通过☐	不通过☐	
		油门刹车区域地毯无污渍	通过☐	不通过☐	
		全车脚垫干净无尘	通过☐	不通过☐	
		全车地毯干净无尘	通过☐	不通过☐	
	后备箱	后备箱导水槽干净无水	通过☐	不通过☐	
		备胎槽区域干净无水	通过☐	不通过☐	
		后备箱区域干净无尘	通过☐	不通过☐	
	气味	车辆内饰及后备箱区无霉味	通过☐	不通过☐	
		车辆内饰及后备箱区无烟味	通过☐	不通过☐	
		车辆内饰及后备箱区有淡淡酒精味	通过☐	不通过☐	
验收人			验收日期		
其他说明					

任务实施

1. 作业说明

本次收购的二手丰田花冠轿车，车龄 4 年，经过检查，需进行常规保养、维修整备，然后进行清洁整备，完成整备验收。

2. 技术标准与要求

技术项目	操作内容	操作要求
需添加、更换的备件		
需清洁的部位		

注：请学员查阅维修资料后填写。

3. 设备器材

(1)设备。

_____

_____

(2)常用工具。

_____

_____

(3)备件、耗材及其他。

_____

_____

注：请学员根据场地实际设备器材填写。

4. 作业流程

(1)做好安全防护。

(2)进行资料整备。

(3)进行维修整备。

(4)进行清洁整备。

(5)进行整备验收。

5. 填写考核工单

一、查询并记录车辆手续						
车牌		车辆厂牌型号		发动机号		
VIN 码		购买日期 整备日期		车辆年审期限		
证件齐全	☐机动车登记证　☐车辆行驶证　☐购车发票　☐车辆购置税完税证明 ☐车辆保险单证					
二、查询车辆技术状况						
1. 常规保养件的更换						
☐机油　☐机油滤清器　☐空气滤清器　☐空调滤清器　☐制动液　☐防冻液　☐玻璃水 ☐制动片　☐轮胎　其他＿＿＿＿＿＿＿＿＿＿＿＿＿＿＿＿＿＿						
2. 内饰、外观件的修复及更换						
内饰部分						
外观部分						
修复、更换后检验	☐合格　☐不合格　☐返修合格					
3. 车辆清洁整备						
整备区域	整备项目			验收结果		
发动机机舱及轮胎区域	☐轮胎　☐轮毂 ☐机盖　☐发动机　☐机舱			☐通过 ☐不通过		
车身外观	☐漆面　☐镀铬件、塑料件　☐玻璃			☐通过 ☐不通过		
内部区域	☐座椅　☐仪表台　☐地毯 ☐储物空间　☐门饰　☐顶棚 ☐后备箱　☐气味			☐通过 ☐不通过		

自我测试

(1) 简述二手车手续整备时的注意事项。

_____
_____
_____
_____

(2) 简述二手车整备时主要对哪些部件进行检测、更换。

_____
_____
_____
_____

(3) 简述二手车清洁整备的技术要点。

_____
_____
_____
_____
_____

拓展学习

不同车龄、里程数的二手车整备要点

近几年,许多正规的二手车经销商摒弃了过去收车、卖车这种简单直接的方法,在收购二手车之后,会对它们进行仔细的整备,大大减小了车辆在售后出现故障的概率,这也是二手车行业向标准化、专业化发展的进步表现。

就像制作一件完美的服装,需要有身高、体重的尺寸一样,要确认车辆需要哪些修整项目,也要先对车辆的整体情况进行了解和评估。除了向原车主了解车况外,二手车经销商还要对车辆进行仔细的检查,以建立一个完整的信息库。

掌握了具体信息,就可以对症下药了,但由于每一辆二手车的车况都不尽相同,所以在整备流程相同的情况下,个别环节还需要对症下药,就车辆的里程数而言,二手车可以分为三大类,其相应的整备方案,也大有不同。

(1) 70 000 km 以内

这类二手车的整备方案相对简单。他们行驶里程数较少，如果使用时间短，能够提供原始的保养记录，车况基本上都比较理想。对于此类车辆，二手车经销商们只需要重点检查车辆的轮胎、转向、刹车等，对于损坏的零部件进行更换，对有碰撞的地方进行维修处理。

(2) 70 000～150 000 km

在二手车市场中，行驶里程数在 70 000～150 000 km 的车辆占比较大。相较于第一类二手车，这类车辆的整备过程更加复杂，对专业性的要求也有所提高，比如火花塞、正时皮带、管道、水箱、风扇和轴承，以及车辆的机油、刹车油等，如果有无法使用的部分都需要进行维修或更换。

(3) 150 000 km 以上

此类二手车的整备过程一般都需要大修大补，涉及安全相关的所有零部件，基本都要更换，这就对工作人员的专业性提出了更高的要求。所以如果不是行情很好的车型，经销商一般不会收这类车。

任务 4.2

二手车质量认证

任务引入

店内收购了一台使用了 4 年的丰田凯美瑞，由于是本店老车主，车况较好，车龄不长，车辆维修保养历史清晰，准备经过质量认证后，使之成为品牌认证二手车，提升该车的价值，为消费者提供有品质、有保障的二手车。现在，董师傅带着学徒小王对该车进行官方认证工作。

学习目标

(1)掌握二手车认证的内容和"行"认证、"国"认证标准。

(2)掌握我国各汽车厂家的官方认证二手车市场情况。

(3)掌握官方认证二手车的认证流程、认证要求、认证手续。

(4)能够判断车辆是否满足官方认证二手车的基本要求。

(5)能够结合某品牌官方认证二手车操作流程，完成车辆的认证。

(6)能够规范准备认证申请资料，能够查询车辆认证信息。

(7)培养责任意识、塑造严谨细致的工作作风。

(8)在品牌官方认证的业务中，激发自身对"企业家精神"的追逐，凝聚"中国品牌"共识，渗透工匠精神及严守标准的职业责任感。

知识准备

在经济全球化时代，品牌已成为制造业核心竞争力的象征，《中国制造 2025》明确将加强质量品牌建设作为 9 项战略任务之一，指出要鼓励企业追求卓越品质，形成具有自主知识产权的名牌产品，不断提升企业品牌价值和中国制造整体形象。工信部通过制定发布品牌管理体系国家标准、组织开展质量标杆活动、完善品牌培育工作制度等举措推进工业质量品牌建设。

二手车质量认证在汽车二次流通过程中，是品牌再次塑造的过程，是严格落实汽车行业国家质量标准的举措，也是树立二手车质量标杆、推动我国二手车市场良性发展的重要途径。

4.2.1 二手车认证概述

4.2.1.1 二手车认证的概念

二手车交易至今已经历了三十多年的历史，长期以来存在着信息不透明、车况无认证、买卖双方信息缺失、售后无保障的问题。这些弊端成了二手车交易市场的痛点，并在相当程度上影响了消费者购车的信心，制约着二手车交易市场进一步的发展。为了让消费者放心买车、买放心车，行业机构和企业开始重视二手车的诚信问题，越来越多的二手车鉴定评估企业也加入二手车阵营，"认证车"的概念在业内逐渐开始普及。

所谓认证车，是指一辆车由鉴定评估师按照一定的检测标准进行严格的评估检测，辅以某个品牌的行业公信力，最终将符合标准的车辆给予认证并展示给消费者。打造认证车概念，不但能够打破二手车信息不透明的顽疾，而且能够在很大程度上增强消费者的购买信心。

二手车认证是指第三方二手车鉴定评估机构对二手车辆的信息、手续、真实车况及市场价格出具书面证明。二手车认证机构必须公平公正地对车辆进行认证，并承担相应的认证责任。

4.2.1.2 二手车认证内容

二手车认证分为三个主要认证部分：二手车相关手续的认证；二手车车型、年款的认证；二手车真实状况的认证。

认证内容：
(1)车辆基本信息(主要包括车辆的车型、年款、配置情况等)。
(2)手续情况(主要包括车辆的车务手续凭证及各种规费凭证的审核)。
(3)车辆综合状况(分为动态和静态两方面，静态方面主要对碰撞等情况作出说明；动态方面给予修复建议)。
(4)建议交易价格(以各交易市场实际历史成交价为基础)。

4.2.1.3 二手车认证标准

目前行业从事二手车业务的主要有主机厂商、经销商集团、交易市场、二手车商、电商平台等，这几类企业均有推出认证二手车。二手车认证分为贯彻行业标准的认证和贯彻企业标准的认证。

贯彻行业标准的二手车认证，目前有中国汽车流通协会于2014年推出的"行"认证品牌；贯彻企业标准的二手车认证，有各汽车生产企业推出的品牌认证及其他一些企业自有品牌的认证，还有中国汽车技术研究中心有限公司下属的华诚认证中心于2017年推出的"国"认证品牌。两类认证标准的主要目的都是解决车况不透明的问题，但二者在推行方式及认证方式上存在很大差异。

1. "行"认证

"行"认证是由中国汽车流通协会联合国内领先的第三方鉴定评估机构共同打造的二手车服务品牌。"行"认证授权具备资质的第三方鉴定评估机构在全国范围内推广实施，其执行依据是由国家市场监督管理总局、国家标准化管理委员会批准的《二手车鉴定评估技术规范》。这种方式对授权企业有严格要求，做认证的企业跟经营二手车的企业不能是同一个主体，须由第三方鉴定评估机构来完成认证。

授权方式上，中国汽车流通协会与"行"认证授权机构签订《二手车鉴定评估委托协议》，委托"行"认证授权机构对相关车辆进行二手车鉴定评估。被授权企业（机构）须承诺所有检测项目、检测流程、操作标准均遵从中国汽车流通协会国标"行"认证的要求及规范。企业对其经营的二手车进行评估检测之后，符合"行"认证标准的，则挂上"行"认证的标识。被授权企业承诺，经"行"认证检测、认证的车辆，出现"火烧、水泡、重大事故"等认定失误时，自认证车辆过户之日起"14天内可退车"并退还消费者检测费。简而言之，"行"认证是将品牌及技术规范授权给企业，对每个二手车个体做车辆质量检测，并出具"行"认证的相关证书，供消费者购车参考。

中国汽车工业协会"行"认证规定，认证车必须是使用年限在7年以内，且行驶里程不能超过150 000 km；满足"国标"114项检测，车辆技术状况等级在二级以上；车辆无火烧、无水泡、无重大交通事故修复痕迹的"准新车"。

2. "国"认证

中国汽车技术研究中心下属的华诚认证中心于2017年推出了"国"认证品牌，其执行依据是中国汽车技术研究中心有限公司旗下的华诚认证中心发布的《二手车鉴定评估及其电子商务交易服务规范》。

授权方式上，获"国"认证授权的企业，其经营场所或网点必须配备2名以上具有3年汽车维修经验及1年以上驾龄的二手车检测评估师。检测评估师除了对车辆认证标准进行审核监管外，还对服务网点的设施有着把控责任。获得"国"认证授权的企业，其线下店里所出售的二手车，可在中国汽车技术研究中心旗下的华诚认证中心网站上查询到详细的车况信息。授权企业可以对其门店或网点出售的二手车自行完成检测认证。可以看出，"国"认证是以企业为主体，对二手车企业经营资质的一种认证。

认证标准是车辆购买日起行驶时间在5年以内，车辆从购买日起行驶里程没有超过10 0000 km，里程表没有改动，其车不能是事故车、运营车、泡水车、失火车及涉及法律纠纷的车辆。

4.2.2 官方认证二手车

4.2.2.1 官方认证二手车概述

国内的官方认证二手车从21世纪初开始起步，目前已有雷克萨斯、一汽大众、上汽大众、上汽通用、一汽丰田、广汽丰田、北京现代、奇瑞、吉利等20多个汽车品牌开展二手车业务。大部分由已经具备一定规模的汽车市场占有量的生产厂家来负责操盘。其主要意义在于提高品牌的客户信誉度，增加品牌的客户保有量，稳定新车的销售价格和完善汽车的售后服务。

官方认证二手车是各大汽车品牌回购的本品牌车辆，经过严格的检测和专业的修复之后，成为品牌认证的二手车。

进入认证体系的车辆，首先要求6年或120 000 km内无事故，技术专家还要完成本品牌指定的不低于国家检测标准项目的专业检测，更新机油蓄电池等，并对指定零部件全数更换，完成发动机、底盘等的高标准清洁后，最终达到准新车的品质，评估出价格后销售。

官方认证二手车通过正规的车辆所有权变更手续进行销售，受品牌保护，会进行原厂的维护和整备，一般还可享受7天无理由退车及1年20 000 km质保。并且汽车生产厂商利用自己的技术设备、专业人员、遍布全国的服务网络和品牌信誉优势向车友提供其他专项服务。相对来说，官方认证二手车可靠性高，把控更严格，最大的优势就是车源信息真实可查，其次是售后车况保障，即便是出了问题，官方二手车也能提供较好的保障。

虽然认证的价格略高，但专业检测保证了车辆品质。同时，汽车生产商还会为其品牌二手车提供一定范围内的保修，一些大的公司更是能够提供与新车一样利率的购车贷款。在这种强大的品牌保证下，即便由于标准化认证程序成本较高，修复所采用原厂配件的价格昂贵，专业技术人员和品牌服务的成本消耗等因素，导致品牌二手车的价格要高于其他市场上的二手车，消费者也觉得容易接受。

官方认证二手车依靠品牌的优势和强大的售后服务能力，通过执行生产企业严格的认证规范，拓展了新的盈利渠道。各品牌汽车企业均在二手车业务上发力，该模式将成为未来二手车的主流业务，这种品牌认证的运营模式也将使二手车市场驶入良性发展的快车道。

4.2.2.2 官方认证二手车认证流程

官方二手车认证在不同的汽车品牌有不同的标准和要求，但在工作中通常都按照图4-1中的流程执行。

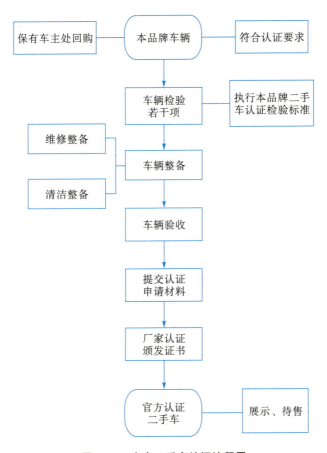

图 4-1 官方二手车认证流程图

4.2.2.3 官方认证二手车品牌及认证要求

2003 年，上汽通用汽车推出国内首个官方认证二手车品牌——"诚新二手车"，被视为我国二手车行业发展的里程碑事件。不久，奥迪也开展二手车认证，成为国内最早开展二手车业务的豪华品牌。2005 年，丰田导入二手车置换认定，2007 年又推出一汽丰田认证二手车；2008 年东风雪铁龙推出了"龙信"二手车业务。这批早期的佼佼者，为厂家品牌二手车认证奠定了良好的基础，随后各大车企纷纷效仿，推出官方认证二手车品牌。

目前国内已经开展品牌二手车认证及相关业务的汽车厂家：上海通用的诚新二手车、广州本田的喜悦二手车、东风标致的诚狮二手车、东风雪铁龙的龙信二手车、上海大众的特选二手车、一汽奥迪的奥迪 AAA 二手车、东风日产认证二手车、东风悦达起亚的至诚二手车等。各大品牌二手车认证的具体内容见表 4-3。

表 4-3　各品牌厂商认证二手车的要求

厂商	品牌	认证要求	检测标准
上海通用	诚新二手车	(1)车龄小于5年、行驶里程低于150 000 km； (2)非营运车辆（租赁车除外）； (3)非事故车、盗抢车或涉及法律纠纷的车辆	7大类 106项 专业检测
宝马	尊选二手车	(1)车龄小于5年； (2)行驶里程低于120 000 km	100项 专业检测
东风日产	认证二手车	(1)非营运车、非重大事故车、非泡水车、非失火车，不涉及法律纠纷； (2)车龄小于5年、行驶里程低于100 000 km，里程表未发现改动	全球通用的 128项检测
一汽奥迪	AAA二手车	(1)使用年限不超过60个月、行驶里程不超过150 000 km； (2)无重大交通事故损伤、无重大改装； (3)有保养维修记录	110项 技术检测
一汽丰田	—	(1)车龄不超过7年，行驶里程少于150 000 km； (2)无车身结构损伤事故	160项 专业检测
广汽丰田	—	(1)车龄不超过7年，行驶里程少于150 000 km； (2)无车身结构损伤事故	170项专业 技术检测
东风悦达起亚	至诚二手车	(1)车龄小于4年、行驶里程不超过80 000 km； (2)非营运车辆，非事故车，不涉及法律纠纷； (3)车辆底盘、动力总成等重要部件未经改，里程表未发现改动	7大类 108项质量检测
奔驰	星睿二手车	(1)车龄小于4年、行驶里程不超过100 000 km； (2)无结构性损伤	158项认证
东风雪铁龙	龙信二手车	(1)车龄小于5年、行驶里程不超过120 000 km； (2)无火烧、水泡、重大事故； (3)非营运车辆	107项 技术检查
上海大众	特选二手车	(1)车龄小于7年，行驶里程不超150 000 km； (2)非营运车和非改装车等； (3)非事故车	七大类 128项检测
广州本田	喜悦二手车	(1)非事故车、非盗抢车、不涉及法律纠纷的车辆； (2)车龄小于5年、行驶里程不超过150 000 km； (3)非营运车辆； (4)未改装底盘、动力总成等重要部件； (5)有详备的维修档案及历史记录	191项检测

续表

厂商	品牌	认证要求	检测标准
东风标致	诚狮二手车	车龄小于4年、行驶里程不超过 80 000 km；	7大类 245项检测
奇瑞	奇瑞官方认证二手车	(1) 车龄不超过 6 年且行驶里程不超过 120 000 km； (2) 非泡水车，非火烧车或重大结构损伤车辆	158项严苛查验 128项精细整备
吉利	吉信官方认证二手车	车龄不超过 4 年、行驶里程小于 80 000 km	168项检测

各大品牌二手车的认证内容形式基本一致，检测项目涵盖汽车外观、内饰、操作系统、动力总成、底盘和安全系统等，基本囊括了整台汽车的所有部件。经过整修后的二手车，必须通过所有的检测项目，全部合格后才能获该品牌的认证书，享受该品牌的质量保证及相应的售后服务。下面介绍宝马尊选二手车的认证内容，具体的检测项目见表 4-4。

表 4-4 宝马尊选二手车 100 个检测项目

系统	序号	项目	系统	序号	项目
发动机	1	缸压测试	离合器	17	工作状况
	2	检查机油(液位是否泄漏)		18	液压系统
	3	检查水位(是否泄漏)		19	噪声
	4	杂音(正常/过度)	变速器 (手动)	20	工作状况
	5	皮带(种类/状况)		21	支座(固定夹子)
	6	检查止回阀		22	噪声(正常/过度)
燃油喷射系统	7	喷油性能		23	变速箱油(液位/是否泄漏)
	8	碳氢比	变速器 (自动)	24	工作状况
	9	急速时状态		25	支座(固定夹子)
冷却系统	10	水箱		26	噪声(正常/过度)
	11	防冻液(液位/浓度)		27	变速箱油(液位/是否泄漏)
	12	水泵(噪声/是否泄漏)	传动轴	28	工作状况
	13	节漏器		29	松紧性
	14	水管		30	运行状况
排气系统	15	工作状况	悬挂系统 ——前部	31	高度
	16	触媒转换器工作状况		32	弹簧

续表

系统	序号	项目	系统	序号	项目
悬挂系统——前部	33	球节	底盘	61	工作状况
	34	防尘套		62	修复
	35	减振器	车身	63	喷漆质量
转向系统	36	转向机(工作状况/助力油是否泄漏)		64	抛光质量
				65	总体质量
	37	转向助力泵(工作状况/是否泄漏)	车锁	66	车门锁及后备箱锁
				67	机器盖锁
	38	软管		68	燃油盖锁
	39	噪声(正常/过度)	内部	69	座椅(调整装置操作性能工作状况)
	40	安全气囊			
四轮定位	41	球节接头	电子装置	70	布线
	42	四轮定位		71	未经认可的装置
悬架系统——后部	43	高度		72	电瓶正负极
	44	弹簧		73	灯光(大灯/边灯)
	45	高度控制器		74	发电机
	46	减振器		75	仪表盘(刹车报警灯)
	47	支架		76	风扇皮带
差速器	48	工作状况		77	车窗
	49	机油(液位/是否泄漏)		78	错误记忆
	50	噪声		79	防盗系统
	51	刹车盘片	雨刷器	80	操作性
	52	防侧滑控制系统		81	工作状况
	53	工作状况		82	喷水器
	54	手刹系统		83	雨刷
	55	刹车盘状况	仪表	84	车速表
油管	56	液压系统		85	转速表
	57	燃料系统		86	燃油表
	58	工作状况		87	水温表
轮胎/车轮	59	工作状况		88	时钟
	60	胎压		89	油位报警器
				90	保养指示灯

续表

系统	序号	项目	系统	序号	项目
仪表	91	车载电脑	安全带	98	操作性
	92	主动检查控制系统		99	工作状况
空调系统	93	工作状况		100	安全带张紧器
	94	氟量			
	95	空调皮带			
	96	压缩机（噪声）			
	97	渗漏			

4.2.2.4 官方认证二手车的认证申请及查询

二手车检测工作完成后，需要着手准备认证申请资料，提交厂家，通过申请后就可获得厂家颁发的"官方认证二手车认证证书"（图4-2）。

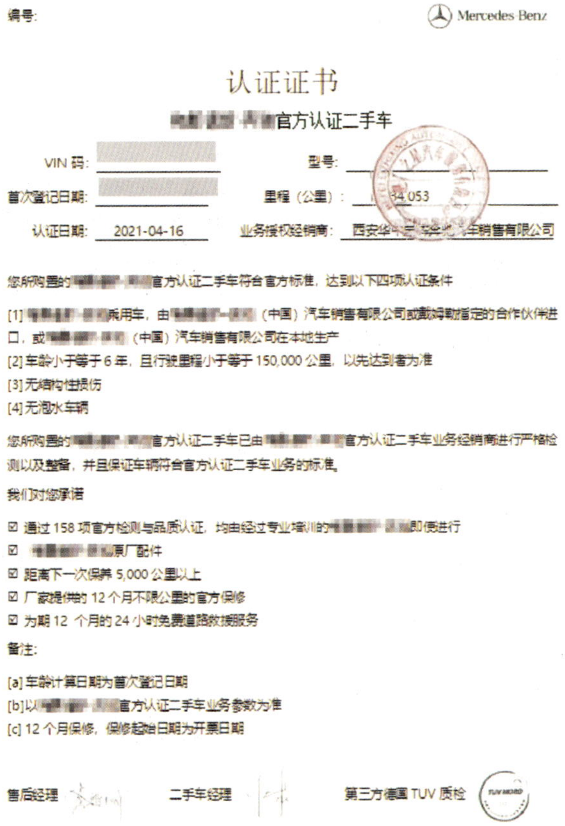

图4-2 某品牌官方认证二手车认证证书

申请认证所需准备的资料。

(1)二手车检测与认证报告(图4-3)。

(2)反映实际车况的照片(图4-4):①车辆外观照片4张(左前45°角、右后45°角、正后方、侧方);

②车辆内饰照片3张(驾驶室正面照、前排侧面照、后排侧面面照);

③车辆前后舱照片2张(发动机舱开启、后备箱开启);

④车辆里程信息照片1张。

(3)车辆购买资料(机动车登记证书、购车发票)。

(4)车辆保养维修资料(质保手册、保养维修历史记录)。

(5)车辆行驶证。

(6)车辆保险单证。

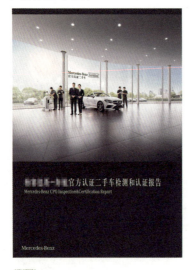

电气系统和功能测试 Electrical systems and function test

		OK	R	N/A
41	保险丝（状况/额定值是确）Fuses (condition/proper	☐	☐	☐
42	仪表盘、故障指示灯检查 Instrument cluster, malfunction indicator lamp check	☐	☐	☐
43	仪表盘中的指示器、照明和变光控制 Indicators in instrument cluster, illumination and dimmer control	☐	☐	☐
44	外部后视镜、折回与打开 Exterior rear view mirrors, fold back and parking position	☐	☐	☐
45	驾驶室管理及数据系统(COMAND)、COMAND控制器 COMAND system, COMAND controller	☐	☐	☐
46	音响系统(包括Logic7立体声环绕) Audio system (including surround Logic 7)	☐	☐	☐
47	电视和后座区娱乐系统 TV and rear entertainment system	☐	☐	☐
48	声控系统Voice control system	☐	☐	☐
49	导航系统Navigation system	☐	☐	☐
50	CD和DVD播放器/换盘机 CD and DVD player/changer	☐	☐	☐
51	梅赛德斯－奔驰电话系统 MB telephone system	☐	☐	☐
52	点烟器 Cigarette lighter (s)	☐	☐	☐
53	所有车内开关功能测试 All interior switches function test	☐	☐	☐
54	转向柱调节和记忆 Steering column adjustment and memory	☐	☐	☐
55	座椅调节和记忆 Seat adjustment and memory	☐	☐	☐
56	座椅通风 Seat ventilation	☐	☐	☐
57	座椅加热 Heated seats	☐	☐	☐
58	前排座椅安全带延伸臂(轿跑车和敞篷车) Front seat belt extenders (Coupe and cabriolet)	☐	☐	☐
59	前排座椅靠背锁止/解锁(轿跑车和敞篷车) Front seat backrest latch/release (Coupe and cabriolet)	☐	☐	☐
60	后车窗除雾器 Rear window defroster	☐	☐	☐
61	后排座椅头枕收回 Rear head restraint retraction	☐	☐	☐
62	电动遮阳帘 Electric sunblind	☐	☐	☐
63	喇叭 Horns	☐	☐	☐
64	夜视摄像头功能 Night view camera function	☐	☐	☐
65	所有车外照明 All exterior lighting	☐	☐	☐
66	所有车内照明 All interior lighting	☐	☐	☐
67	后排座椅靠背锁销 Rear seat backrest latch	☐	☐	☐
68	全景式滑动天窗及卷帘 Panoramic sliding roof with roller sunblind	☐	☐	☐
69	风挡玻璃雨刮器/清洗系统 Windshield wipers/Washer	☐	☐	☐
70	后车窗雨刮器/清洗器 Rear window wiper/Washer system	☐	☐	☐
71	大灯清洁系统 Headlamp cleaning system	☐	☐	☐

行走机构/传动系统
注意：检查时需拆下发动机下护板或隔音罩，在路试之前必须将其装上。
Undercarriage/Drive train
Note: Lower engine encapsulation cover or noise encapsulation cover to be removed for inspection. Must be installed prior to road test

		OK	R	N/A
72	传动轴万向节、联轴节和中间支承轴承 Drive shaft flexible discs, couplings and center support bearings	☐	☐	☐
73	排气系统/连接件/支架 Exhaust system/Connections/Supports	☐	☐	☐
74	驻车制动器和制车线 Parking brake and cables	☐	☐	☐
75	制动管路、燃油管路 Brake lines, fuel lines	☐	☐	☐
76	轮胎压力损失报警器 Tire pressure loss warner	☐	☐	☐
77	轮胎压力监测系统 Tire pressure monitoring system	☐	☐	☐
78	符合梅赛德斯－奔驰标准的轮胎/车轮组合 Tire/Wheel combination according to MB standard	☐	☐	☐
	检查车轮/轮胎状况 Inspect wheels/Tires condition	☐	☐	☐
	轮胎(胎面花纹深度)品牌 Tires (tread depth) make ______ 位置 Location / 内 Inner / 中 Middle / 外 Outer / 轮胎压力 Pressure 左前LF ____ ____ ____ ____ 右前RF ____ ____ ____ ____ 左后RL ____ ____ ____ ____ 右后RR ____ ____ ____ ____ 备胎 Spare tire ____ ____ ____ ____	☐	☐	
	车轮螺栓扭矩 Wheel bolt torque	☐	☐	☐
79	制动盘/制动片(制动片厚度最少为50%) 测量制动盘，记录结果 Brake discs/Pads (minimum of 50% pad material). Measure brake discs, record results	☐	☐	☐
	制动厚度测量数值 Brakediscs measure value 位置 Location / 测量值 Measure value / 标准值 Standard value / 极限值 Limited value 左前LF ____ ____ ____ 右前RF ____ ____ ____ 左后RL ____ ____ ____ 右后RR ____ ____ ____ 制动片厚度测量数值 Brake pads measure value 位置 Location / 内 Inner / 外 Outer / 极限值 Limited value 左前LF ____ ____ ____ 右前RF ____ ____ ____ 左后RL ____ ____ ____ 右后RR ____ ____ ____	☐	☐	☐

梅赛德斯－奔驰官方认证二手车检测和认证报告 -4- 内部使用 Internal Use

80	减振器 Shock absorbers	☐	☐	☐
81	悬挂检查 Suspension inspection	☐	☐	☐
	自调节水平高度的悬挂 Self-leveling suspension	☐	☐	☐
82	前/后轴橡胶支座/衬套 Front/Rear axle rubber mounts/Bushings	☐	☐	☐
83	转向间隙、转向杆系 Steering play, steering linkages	☐	☐	☐
84	前轴球形节 Front axle ball joints	☐	☐	☐

底盘/车身 Chassis/Body

		OK	R	N/A
85	车身结构检查 Body structure inspection	☐	☐	☐
86	中央门锁系统功能测试 Central locking system function test	☐	☐	☐
	用所有钥匙在所有相关位置测试中央门锁 Test central locking with all keys at all points	☐	☐	☐
87	警报系统功能 Alarm system function	☐	☐	☐
88	在所有相关位置操作电动车窗 Power window operation from all points	☐	☐	☐
	一触式和便捷关闭 One touch & convenience closing	☐	☐	☐
89	内饰和镶板(检查仪表板、车门镶板、木质饰等) Interior trims and paneling (inspect instrument panel, door panels, wooden trims, etc.)	☐	☐	☐
90	急救箱、灭火器 First aid kit, fire extinguisher	☐	☐	☐
91	多仿形座椅(在发动机运转状态下进行功能检测) Multi-contour seats (function check with engine running)	☐	☐	☐
92	安全带状况/操作 Seat belts-condition/Operation	☐	☐	☐
93	前排座椅安全带高度调节 Front seat belt height adjustment	☐	☐	☐
94	前/后排座椅中央扶手 Front/Rear seat center armrest	☐	☐	☐
95	前遮阳板/梳妆镜操作/照明 Front sun visor/Vanity mirror operation/Illumination	☐	☐	☐
	后梳妆镜 Rear vanity mirror	☐	☐	☐
96	翻车防护杆(R230)；弹起式头枕(209) Roll bar (R 230); Pop-up headrest (209)	☐	☐	☐
97	驻车定位系统 Parktronic	☐	☐	☐
98	倒车摄像头 Back up camera	☐	☐	☐
99	软顶篷和密封件：状况/操作(R230、209.4) Soft top & seal; Condition/Operation (R230, 209.4)	☐	☐	☐
	对于R230、171、209车型，检查工作液液位和液压接头 For models R230, 171, 209, check fluid level and hydraulic connection	☐	☐	☐
100	车门/行李箱盖关闭辅助 Door/Trunk lid closing assist	☐	☐	☐
101	遥控开启行李箱盖 Remote trunk release	☐	☐	☐
	橡胶封条和绝缘件(车门/行李箱/尾门) Rubber seals & insulation (door/trunk/tailgate)	☐	☐	☐
102	滑动天窗功能和车顶内衬 Sliding roof function and headliner	☐	☐	☐

在制动实验台上进行制动测试 Brake test

			OK	R	N/A
103	前轴 Front axle	左前LF __ 右前RF __	☐	☐	
104	后轴 Rear axle	左后RL __ 右后RR __	☐	☐	
105	手制动器 Hand brake	左后RL __ 右后RR __	☐	☐	

路试 Road Test

		OK	R	N/A
106	仪表 Instruments	☐	☐	☐
107	车速表/里程表/单程里 Speedometer/Odometer/Tripmeter	☐	☐	☐
108	转向/车辆操控/方向盘对中 Steering/Vehicle handling/Centered steering wheel	☐	☐	☐
109	制动系统性能、驻车制动器操作 Braking system performance, parking brake operation	☐	☐	☐
110	自动恒温控制：功能/调节/显示 Automatic climate control; Function/Regulation/Display	☐	☐	☐
111	定速巡航控制功能 Cruise control-function	☐	☐	☐
112	导航功能 Navigation function	☐	☐	☐
113	发动机性能 Engine performance	☐	☐	☐
114	振动和噪音(传动系统/车轮) Vibration and noise (drive train/wheels)	☐	☐	☐
115	变速箱换档质量 Transmission shifting quality	☐	☐	☐
116	换档锁操作 Shift lock operation	☐	☐	☐
117	风噪 Wind noise	☐	☐	☐

路试后检查 Post-road test inspection

		OK	R	N/A
118	目视检查有无工作液泄漏 Fluid leaks-visual inspection	☐	☐	☐
119	自动恒温控制－余热 Automatic climate control-residual heating	☐	☐	☐
120	所有工作液液位(发动机罩下) All fluid levels (under hood)	☐	☐	☐

梅赛德斯－奔驰官方认证二手车检测和认证报告 -5- 内部使用 Internal Use

B：外观标准 Appearance standards

发动机 Engine

		OK	R	N/A
121	清洗 Wash	☐	☐	☐

行李箱 Trunk

		OK	R	N/A
122	底板垫 Mat	☐	☐	☐
123	油漆 Paint	☐	☐	☐
124	备胎 Spare tire	☐	☐	☐
125	工具和千斤顶 Tool & jack	☐	☐	☐
126	湿度 Moisture	☐	☐	☐
127	气味 Odor	☐	☐	☐
128	吸尘器和清洁剂(如有需要) Vacuum & shampoo (if necessary)	☐	☐	☐

内部 Interior

		OK	R	N/A
129	前底板垫 Front mats	☐	☐	☐
130	地毯 Carpet	☐	☐	☐
131	内饰件 Upholstery	☐	☐	☐
132	车顶内衬 Headliner	☐	☐	☐
133	车门镶板 Door panels	☐	☐	☐
134	按钮、旋钮、出风口和仪表板 Buttons, knobs, vents & instrument panel	☐	☐	☐
135	玻璃 Glass	☐	☐	☐
136	后视镜 Mirrors	☐	☐	☐
137	木饰 Wood	☐	☐	☐
138	镀铬饰件 Chrome trim	☐	☐	☐
139	吸尘器和清洁剂 Vacuum & shampoo	☐	☐	☐
140	螺钉 Screws	☐	☐	☐
141	烟灰缸 Ashtrays	☐	☐	☐
142	清除了油渍的车门立柱、铰链、踏脚板和遮阳板 De-grease door jamb, hinges, kickpanels & visors	☐	☐	☐
143	湿度及车门 Moisture & door	☐	☐	☐

外部 Exterior

		OK	R	N/A
144	撞痕、凹陷和刮痕 Dings, dents & scratches	☐	☐	☐
145	检查油漆 Examine paint	☐	☐	☐
146	检查和清洁镀铬件 Examine & clean chrome	☐	☐	☐
147	玻璃和后视镜壳体 Glass & mirror housing	☐	☐	☐
148	格栅 Grille	☐	☐	☐
149	灯罩 Lamp lenses	☐	☐	☐
150	徽标 Badges	☐	☐	☐
151	饰件和嵌条 Trim & moldings	☐	☐	☐
152	雨刮器 Wipers	☐	☐	☐
153	保险杠 Bumpers	☐	☐	☐
154	车门边缘、车架 Door edges, frames	☐	☐	☐
155	清洗和打蜡 Wash & wax	☐	☐	☐

车轮 Wheel

		OK	R	N/A
156	划痕和刮痕 Scuffs & scratches	☐	☐	☐
157	切口和凿印 Cuts & gouges	☐	☐	☐
158	清洗和抛光 Wash & polish	☐	☐	☐

梅赛德斯－奔驰官方认证二手车检测和认证报告 -6- 内部使用 Internal Use

维修清单 Repair list

编号 Item No.	说明 Description	编号 Item No.	说明 Description

机械技师 Mechanical technician: ________ 日期 Date: ________ 施工单号 WIP No.: ________

电气技师 Electrical technician: ________ 日期 Date: ________ 施工单号 WIP No.: ________

车身和钣金技师 Body & painting technician: ________ 日期 Date: ________ 施工单号 WIP No.: ________

售后服务经理 After-sales manager: ________ 日期 Date: ________

二手车经理 Used car manager: ________ 日期 Date: ________

交车时已行驶里程 Mileage at delivery: ________ 日期 Date: ________

车辆识别号 VIN: ☐☐☐☐☐☐☐☐☐☐☐☐☐☐☐☐☐

- Store this report in after-sales department's service file
- Store a copy of this report in used car department's sale file

梅赛德斯－奔驰官方认证二手车检测和认证报告 -7- 内部使用 Internal Use

图4-3 某品牌官方认证二手车检测与认证报告

图 4-4 某品牌官方认证二手车车况照片模板

通过厂家认证的二手车，会获得一个车辆认证编号和认证证书。在后期的展示、销售工作中，可以随时登录品牌官方网站，输入该车的认证编号（图4-5），获知完整的车辆认证信息。

图4-5 某品牌官方认证二手车信息查询界面

任务实施

1. 作业说明

店内刚收购的丰田凯美瑞，已经完成了车辆整备。由于该车车况较好，车龄不长，车辆维修保养历史清晰，准备经过质量认证后，使之成为品牌认证二手车，提升该车的价值，为消费者提供有品质、有保障的二手车。现在，董师傅带着学徒小王对该车进行官方认证工作。

2. 技术标准与要求

项目	具体内容
官方认证二手车技术标准的选用	
车辆的选用	

注：请学员查阅维修资料后填写。

3. 设备器材

（1）设备、场地。

(2)证件、资料。

___

___

(3)常用工具。

___

___

(4)耗材及其他。

___

___

注：请学员根据场地实际设备器材填写。

4. 作业流程

(1)做好安全防护。

(2)完成车辆认证资格判别。

(3)执行认证检测标准，完成车辆检测。

(4)准备认证申请资料。

(5)发放认证证书、查询车辆认证信息。

5. 填写考核工单

一、记录车辆信息并判别认证资格					
车牌		车辆 厂牌型号		VIN 码	
使用年限		行驶里程		保养维修 记录是否齐全	
其他情况	□无事故	□无水泡	□无火烧	□非营运车	□车体无结构性变形

二、执行认证检测标准，核实运行与状况		
1. 技术标准		
□ 常规项	□ 发动机舱及路试前检查	□ 发动机部件——系统状况检查和确认
□ 电气系统和功能测试	□ 行驶系统/转向系统	□ 在制动试验台上进行制动测试
□ 底盘车身	□ 路试	□ 路试后检查
2. 外观标准		
□ 发动机　□ 行李箱　□ 车辆内部　□ 车辆外部　□ 车轮		
认证判断和检测结论：		

三、认证申请			
1. 认证资料准备	□ 二手车检测与认证报告 □ 机动车登记证书、购车发票 □ 质保手册、保养维修历史记录 □ 车辆行驶证 □ 车辆保险单证		□ 通过 □ 不通过
2. 车况照片	□ 左前45°照　　□ 右后45°照　　□ 正后方照 □ 侧方照　　　□ 驾驶室正面照　□ 前排侧面照 □ 后排侧照　　□ 发动机舱开启照　□ 后备箱开启照 □ 车辆里程信息照片		□ 通过 □ 不通过

四、认证书发放和认证信息查询			
1. 认证证书	□ 已发放　　□ 审核中		
2. 认证查询	□ 可查询认证信息 □ 未查到认证信息	认证编号	认证经销商

自我测试

(1) 简述官方认证二手车的优势。

(2) 简述官方认证标准及技术要点。

(3) 简述官方认证二手车申请时递交的资料。

拓展学习

中国汽车流通协会"行"认证标准升级

2022年9月28日,随着二手车消费市场的升级,中国汽车流通协会"行"认证办公室针对二手车消费市场需求升级的情况,组织听取了全国各业态授权机构的意见反馈,并于线上二手车大会期间正式宣布更新了"行"认证车辆技术状况检测(销售)公示标准(图4-6)。

新标准要求:对于从事二手车独立检测的授权机构或从事二手车零售的授权经销商,应如实公示下列车辆技术状况内容。

(1) 事故状态查验结论(含结构件/加强件事故判断、水泡车判断、火烧车判断)。

(2) 里程调表痕迹核查结论(检测项目为易损件磨损与里程匹配状态、车辆电脑模块组及里程表芯片有无篡改痕迹、维保记录状态)。

（3）发动机系统、转向系统、传动系统、制动系统、悬挂系统综合技术状况是否存在机械功能故障。

7年15万公里、无重大事故、无水泡、无火烧

经国际、团标要求检测

公示（认证）标准：
事故状态判断（结构性/加强件事故、水泡、火烧）、里程核查、发动机系统、转向系统、传动系统、制动系统、悬挂系统综合技术状况须予以说明。

图4-6　汽车流通协会"行"认证最新二手车技术状况认证标准示意图

任务 4.3

质量认证二手车的售后管理

任务引入

王先生来到品牌二手车部,看中了一台认证车——丰田凯美瑞,想了解该车相关的售后服务保障,现在,请向王先生介绍其相关的售后服务政策。

学习目标

(1)掌握二手车认证的内容和"行"认证、"国"认证标准。
(2)掌握我国各汽车厂家的官方认证二手车市场情况。
(3)掌握官方认证二手车的认证流程、认证要求、认证手续。
(4)能够判断车辆是否满足官方认证二手车的基本要求。
(5)能够结合某品牌官方认证二手车操作流程,完成车辆的认证。
(6)培养服务意识、训练政策解读能力和信息传递能力。
(7)以二手车行业售后服务常见诉求为引,渗透"以人为本"的马克思主义人民观和科学的"矛盾分析法"。

知识准备

根据中共中央、国务院印发《质量强国建设纲要》,反映质量水平的七个指标体系要继续稳步提升。其中就包括服务质量满意度。为了人民群众有更强的质量获得感和满意度,必须久久为功提升质量。为了更好适配现代质量管理需要,质量人才队伍也要持续壮大。需要着力培养质量专业技能型人才、经营管理人才。

认证二手车的售后服务,要以二手车车主拥有更强的质量获得感为目标,以消费者满意为目标,通过专业的二手车服务顾问,持续为车主提供高质量的服务,不断提升服务质量满意度。

4.3.1 质量认证二手车的售后服务概述

随着二手车市场接纳度的提升，消费者在二手车领域越来越趋向于选择认证二手车，除了考虑优于新车的性价比，更重要的是认证二手车有过硬的质量保证和各种完善的售后政策，有效消除了购买者的顾虑。当二手车可以享受到新车所享受的售后服务时，消费者就会把二手车当作一个常规产品去看待，并且认证二手车未来对其品牌保值率可以起到积极正向的巩固作用。

目前，大型品牌二手车经销商有自己的售后维修队伍，也在积极实行二手车质保，少则3个月5000 km，多则一年20 000 km。有的质保甚至包括免费保修、免费保养、免费年检、免费道路救援等，品牌二手车车行在售后方面的推广让人刮目相看。

除了品牌二手车车行大力推广售后服务外，各种政策不断推出，也给二手车行业打了一剂"强心针"。2016年，商务部委托中国汽车流通协会着手起草《二手车流通企业经营管理规范》，于2016年9月1日出台。其中列明了二手车经营企业在售后管理方面的若干要求。

1）质量保证的期限

二手车经营企业向最终用户销售二手车时，应向用户提供不少于3个月或5000 km（以先到者为准）的质量保证。

2）质量保证的范围

二手车质量保证的范围为二手车的发动机系统、转向系统、传动系统、制动系统及悬挂系统。

3）二手车的售后服务

(1)二手车经营企业向最终用户提供售后服务时，应向其提供售后服务清单。

(2)在提供售后服务的过程中，不得擅自增加未经客户同意的服务项目。

(3)二手车经营企业应建立售后服务技术档案，售后服务技术档案包括以下内容：

①车辆基本资料，主要包括车辆品牌型号、车辆号牌、发动机号、车架号、出厂日期、使用性质、最近一次转移登记日期、销售时间及地点等。

②客户基本资料，主要包括客户名称(姓名)、地址、职业、联系方式等。

③维修保养记录，主要包括维修保养的时间、里程、项目等，售后服务技术档案保存时间不少于7年。

4.3.2 官方认证二手车的售后政策

4.3.2.1 品牌官方认证二手车的售后服务政策

各汽车品牌官方认证二手车的售后保障分为两部分，一部分是售后的短期保障，另一部分是售后一年的保障。

　　部分认证二手车已推出了 7 天无理由退车、14 天无理由退车、30 天回购、90 天回购等措施来提高二手车的售后保障服务，间接提高了二手车的成交率。每一个二手车经销店会结合自身的特点，选择不同种类的服务承诺。

　　如果是经销商回购本店销售的车，整备后再出售的模式，一般会选择 7 天或 14 天无理由退车模式，如果客户退车只需收取客户这些天车辆租赁的使用费，双方都不亏。对于提供 30 天或 90 天回购措施的经销商，主要目的是保障交易车辆在购买后出现车况和当初承诺不一致的情况时，例如出现过事故、火烧、水淹等情况，买方可获得在 30 天或 90 天的时间内由经销商或第三方检测机构提供的回购或赔付差额的售后保障。

　　一年的售后保障主要是通过二手车延长保修服务来实现的，一般是承诺 1 年或 30 000 km 以内，最高额 3 万元的维修保障服务，由保险公司承担最后的赔偿责任，各个级别的车型投保的价格不同，保修服务的范围不同，价格也会不同。这一服务在国外已非常普及，用购买保险来降低后期高额维修成本的风险。

　　当前国内部分品牌官方认证二手车比较有代表性和特色的售后政策，见表 4-5。

表 4-5　各品牌官方认证二手车的售后政策

厂商	品牌	质保期	其他售后服务政策
上海通用	诚新二手车	1 年/20 000 km	—
宝马	尊选二手车	1 年/20 000 km	1 年免费 24 小时道路救援
东风日产	认证二手车	1 年/20 000 km	3 天/150 km 内可换
一汽奥迪	AAA 二手车	1 年/20 000 km	2 天的退换车权利，1 年免费 24 小时道路救援
一汽丰田	—	1 年/20 000 km	3 个月/5000 km 内免费保养，保修期内免费 24 小时道路救援； 30 天无理由退车
一汽大众	—	1 年/20 000 km	车辆个性化定制和配备加装服务； 保险业务量身设计
奔驰	星睿二手车	1 年/20 000 km	12 个月免费 24 小时道路救援
东风雪铁龙	龙信二手车	1 年/20 000 km	—
上海大众	特选二手车	1 年/20 000 km	—
广州本田	喜悦二手车	1 年/20 000 km	—
东风标致	诚狮二手车	6 个月/10 000 km	—
广汽丰田	—	2 年/50 000 km	6 个月/10 000 km 免费保养
奇瑞	奇瑞官方认证二手车	1 年/20 000 km	6 个月、5000 km 原厂首保； 224 个小时免费救援； 7 天无理由退车

4.3.2.2 官方认证二手车质保与索赔政策

在市场需求的诱发下，各汽车厂商不断推动制订更完善的认证二手车售后政策，使认证二手车逐步享有与新车一样的服务。在售后质保方面，认证二手车是能够享受"三包"的。这对于品牌官方认证二手车，以及二手车市场来说都是有好处的，对准新车有了质量保障，对五年内的旧车延长了质保，这无疑会提升二手车消费者的满意度，成为提升信誉、获得消费者及社会认可的保障。

所谓"三包"，指的是包退、包换、包修。源于2013年国家颁布的《家用汽车三包条例》，其中分别规定了家用车产品的"三包有效期"和"包修期"，以及对应的政策。

1. 三包有效期内的政策

《家用汽车三包条例》第十七条规定，家用汽车产品三包有效期限应不低于2年或者行驶里程不少于50 000 km，自销售者开具购车发票之日起计算，以先到者为准。

在三包有效期内，如果符合规定的退货条件和换货条件，消费者可以凭三包证明和购车发票办理退货或换货程序。

国家市场监督管理总局在"三包"中列出以下几种具体情况：

①在开具购车发票之日起60天内或驾驶里程在3 000 km范围内，如果转向系统故障，制动系统故障，车身破裂或燃油泄漏，可以选择交换或退货。

②严重安全性能故障已被修复两次且该故障尚未消除，可以选择退货或换货。

③发动机变速箱已更换两次，或主要零件已更换两次，但仍不能正常使用，可以选择退货或换货。

④转向系统，刹车系统，悬架系统，前后导轨和车身中主要部件已被更换两次，但仍不能正常使用，消费者可以选择更换或退货。新规定还规定了由维修期限引起的更换情况和由更换失败引起的退货情况。

⑤因产品质量问题修理时间累计超过35日的，或者因同一产品质量问题累计修理超过5次的（此类情况只属于换车范围）。

2. 保修期内的政策

保修期实际上等同于质保期。《家用汽车三包规定》第十七条规定，家用汽车产品保修期限应不低于3年或者行驶里程60 000 km，自销售者开具购车发票之日起计算，以先到者为准。各品牌汽车厂商在此基础上，都延长了保修期，比如：奇瑞、吉利等国产品牌，在2021年后，将整车保修期延长到10年/200 000 km的质保，发动机10年/1 000 000 km的超长质保。

在包修期内，如果车辆存在质量问题，品牌授权经销店可以提供免费维修和备件。车辆的质保范围：

①因产品的设计、制造、装配及原材料缺陷等因素引起的整车零部件的损坏（车辆易损件除外）。

②由质量担保件所引起的相关件的损坏，包括辅料损耗。

车辆易损件，主要指的是车辆常用消耗件，自身性质和使用环境决定了它们极高的损耗率，而同时这些易损件只要经过定期保养更换，就不会造成车辆的使用故障，因此，通常都不随着整车的质保期限，它们有自己独立的质量担保期限，按表 4-6 中规定的期限（以先达到者为准）执行。

表 4-6 车辆易损件质保期限

易损件名称	质保期限/里程	易损件名称	质保期限/里程
保险丝	2 个月/1000 km	机油滤清器	6 个月/5000 km
普通继电器	2 个月/1000 km	轮胎	6 个月/5000 km
雨刮片	2 个月/1000 km	火花塞	6 个月/5000 km
灯泡	2 个月/1000 km	离合器摩擦片	6 个月/5000 km
空气滤清器	6 个月/5000 km	前、后制动摩擦片	6 个月/5000 km
空调滤清器	6 个月/5000 km	蓄电池	12 个月/20 000 km
汽油滤清器	6 个月/5000 km	遥控器电池	12 个月/20 000 km

对于绝大多数二手车来说，车辆的使用时间和行驶里程已经超出了易损件的质保期限，因此，易损件基本都是不能享受质保的。

3. 申请质保的条件

不论是新车还是官方认证二手车，申请质保必须满足以下条件：

①车辆的使用时间和行驶里程在质保期限内。

②满足车辆质保范围。

③在品牌经销商处有完整的保养记录。

④车辆出现故障，要保持零部件的原始状态，待品牌授权经销店进行检查确认，排除非产品质量原因。

满足以上四个条件，就能通过品牌在全国任一家授权经销店申请质保，获得索赔。

4.3.3　质量认证二手车客户关怀及异议处理

4.3.3.1　认证二手车客户关怀

对于绝大多数品牌厂商，认证二手车车主，也是品牌车主，同样能享受新车车主一样的客户关怀服务。比如：专属服务顾问，会员俱乐部，用户课堂，接送修服务，24 小时紧急救援服务，代办车辆相关业务等。这些服务是为了帮助客户省时、省心，真正感受到"以客户为中心"的服务理念。

会员俱乐部是长期维系客户，培养客户忠诚度的一种有效方法。主要通过提供多种服务项目，给客户带来更多的价值。

(1)维修服务：修车无需等待，按会员卡积分或类别给予优惠。

(2)证件代办：驾驶证年审、行驶证年审、车船费代缴。

(3)救援服务：紧急援油、现场抢修、事故拖车。

(4)提醒回访：重要信息提醒、节假日生日问候、维修服务回访。

(5)专业咨询：保养维护咨询、手续咨询、客户投诉、专家回复、安全咨询等。

(6)承保理赔：新车投保、车辆续保、理赔受理、代理索赔。

(7)业务培训：驾驶培训、车辆维护保养培训、安全培训等。

VIP专区：优先体验新产品、优先参与市场推广、优先获得新车资源、组织活动、结识业务伙伴、出行预订、休闲。

4.3.3.2 认证二手车客户投诉处理

当客户购买了品牌的官方认证二手车后，就成了品牌车主，在使用车辆和体验售后服务过程中，有可能会因感受不好而投诉。面对投诉要有正确的认识，这是车主愿意与品牌沟通的一种方式，其目的通常是为了解决问题。通过投诉，能帮助品牌发现工作中的弱项，能给品牌一个展示服务水平的机会。学会有效地处理客户投诉，不仅能化解矛盾，维系良好的客户关系，还有可能带来好的口碑和更多的客户价值。

处理客户投诉，首先要遵循以下几个原则：

(1)先处理人，后处理事。

先安抚客户的心情，再做处理投诉的事情。比如："您的心情我非常理解。""您先不用着急(消消气)，我马上为您处理，您这边遇到了什么具体问题？"

(2)表示认同，不与客户站在对立面。

要学会"换位思考"，设身处地地理解车主的困难和不满情绪。

(3)等客户发泄结束后，复述客户的问题或者情感。

"先生，您当时很生气，我非常理解您的心情。"

有了正确的意识，还需要科学合理的步骤和处理技巧。通常面对投诉的处理步骤如下所示。

(1)倾听客户。

从倾听客户开始，平息客户的怨气，在解决客户投诉的过程中，第一步就是倾听客户的意见，让客户能够充分表达心中的不满和与怨气，让客户发泄出内心的愤怒，很多公司在处理客户投诉的时候，往往不知道客户投诉的真正原因是什么，上来就和客户争论，这样就会失去客户的信任，还会造成不可挽回的后果。

(2)安抚客户的情绪。

(3)提问客户，通过提问可以了解投诉的真正原因。

只有知道投诉的真正原因，才可以根据实际情况来解决投诉的问题，通过提问问题,进一步地增强并拉近与客户之间的感情。

(4)承担责任,解决问题,表示原因提供补偿和帮助。

确实属于品牌的问题,除向客户诚挚道歉以外,马上根据客户的时间安排返修,并承担相关的费用。

若不属于品牌造成的问题,需要采取以下措施:

①耐心向客户做出解释,解释时注意不要刺伤车主的感情。

②建议对车辆存在的问题进行免费检查,并在征得客户同意的前提下,进行检修。

③收费问题可以适当优惠或对工时费予以减免。

(5)解决问题,让客户参与意见。

让客户积极参与进来,提出好的建议,为今后可以更好地开展业务查漏补缺。

(6)适当给客户一些补偿,跟踪服务。

给客户提供补充,并继续跟踪服务,处理完投诉问题后,还要跟踪服务,做最贴切的服务,以明确客户是否真正满意客户投诉的解决方案,如果不满意,还要继续改进,直到客户满意为止。

(7)感谢客户。

感谢客户是最关键的一步,这一步是维护客户的一个重要手段和技巧。客户服务人员需要说四句话来表达四种不同的意思。第一句话是再次为给客户带来的不便表示歉意;第二句话是感谢客户对于企业的信任和惠顾;第三句话也是向客户表示谢意,让品牌发现问题知道自己的不足;第四句话是向客户表决心,让客户知道品牌会努力改进工作。

对于投诉车主,服务顾问或客服人员需要第一时间上报;若因权限原因或能力原因处理不了,需要由服务经理或客户总监出面。

(1)接到客户意见后,第一时间向客户道歉并记录投诉内容,了解投诉事件的基本信息,初步判断客户的投诉性质,在1小时内上报客户经理或客户服务中心,由客户经理或客户服务中心立即填写《客户信息反馈处理单》。

(2)对于明显能确定责任的质量问题、服务态度、文明生产、工期延误的投诉,处理方式如下:

①客户经理在24小时内协同被反馈部门完成责任认定,并对责任人完成情况跟进。

②管理部在接到《客户信息反馈处理单》后,在4小时内根据公司文件对处理意见进行复核;如有异议,召集客户经理和相关部门进行协商,将处理结果上报主管总经理,同时将意见反馈给客户经理和相关部门执行。

③管理部在8小时内根据最终处理意见实施责任追究,进行过失沟通,完成最终的《客户信息反馈处理单》并于当日转客户服务中心。

(3)对于当时无法确定责任的质量问题、配件延时、客户不在场、客户没有时间的投诉，处理方式如下：

客户经理通知客户在客户方便时直接找客户经理解决，报主管总经理认可后，按未了事宜进行处理。如客户属于重大投诉，客户经理应请示主管总经理后上门拜访客户。

任务实施

1. 作业说明

王先生在某品牌二手车部看中了一台认证二手车——丰田凯美瑞，想了解该车相关的售后服务保障，现在，请向王先生展示并介绍相关的售后服务政策。

2. 技术标准与要求

项目	具体内容
品牌官方认证二手车售后服务政策的选择	
品牌官方认证二手车质保政策的选择	

注：请学员查阅维修资料后填写。

3. 设备器材

(1)场地设施。

_____

_____

(2)服务常用工具。

_____

_____

(3)参考资料。

_____

_____

注：请学员根据场地实际设备器材填写。

4. 作业流程

(1)做好环境清洁整顿和个人形象整理。

(2)接待客户，了解需求。

(3)解释官方认证二手车售后服务政策。

(4)解释官方认证二手车质保政策。

(5)客户异议处理。

5. 填写考核工单

一、环境清洁整顿、个人形象整理
☐ 工作区地面干净 ☐ 工作台整洁物品摆放有序 ☐ 个人仪容整洁 ☐ 职业着装规范
二、车主接待及需求了解
☐ 及时礼貌热情迎接 ☐ 必要的茶水服务 ☐ 明确客户需求：＿＿＿＿＿＿＿＿＿＿＿＿＿＿＿＿＿＿
三、解释售后服务政策
☐ 质保期 ☐ 原厂备件和工艺 ☐ 保养赠送 ☐ 24小时免费救援 ☐ 其他服务政策：＿＿＿＿＿＿＿＿＿＿＿＿＿＿＿＿＿＿＿
四、解释质保政策
☐ 质保范围 ☐ 质保条件
五、客户异议处理
1. 客户异议内容及情绪状态描述：＿＿＿＿＿＿＿＿＿＿＿＿＿ 2. 处理顺序（请标出序号）： ○询问诉求　　○安抚情绪　　○倾听问题　　○耐心解释　　○提出解决方案 3. 处理方案描述：＿＿＿＿＿＿＿＿＿＿＿＿＿＿＿＿＿＿＿＿＿

汽车营销评估与金融保险**服务技术**

自我测试

(1) 简述某品牌官方认证二手车的售后服务政策。

_____
_____
_____
_____

(2) 简述某品牌官方认证二手车的质保范围、质保条件。

_____
_____
_____
_____

(3) 简述客户异议处理的基本原则和方法。

_____
_____
_____
_____
_____

拓展学习

连续11年荣获"中国汽车服务金扳手奖"
吉利汽车树立中国品牌售后服务标杆

2019年7月,"2019中国汽车服务金扳手奖评选"榜单正式揭晓。凭借多年来在售后服务领域的潜心耕耘和高品质贴心服务,吉利汽车成功摘得"2019中国汽车服务金扳手奖——品质服务奖",这也是吉利汽车连续11年荣获"中国汽车服务金扳手奖",实力树立了中国汽车品牌售后服务的全新标杆。

"中国汽车服务金扳手奖"是国内首个且唯一由媒体发起主办、深度关注并评价国内乘用车服务品牌及增值服务业务的专业评选,评审项目涵盖服务体系、服务质量、专业技术、用户满意度、用户口碑等多个方面。每一届榜单都代表了本年度中国汽车服务领域的最高水准和主流力量,是对业内本年度表现最优秀服务品牌的认可与褒奖。

经过用户、行业媒体与专家的一致评选,吉利汽车成功荣获"品质服务奖"。据最新的 J. D. Power 公司公布的中国售后服务满意度指数研究报告显示:2019 年吉利 J. D. Power 售后服务满意度(CSI)达到 750 分,位列主流车品牌第七,比去年上升了 2 名,超过了大众、通用等众多合资品牌,连续 7 年成为高满意度品牌。

多年来,吉利汽车售后服务始终坚持"关爱在细微处"的服务理念,注重用户的体验和感受,全面推进售后服务的标准化、体系化建设。通过服务流程规范、维修作业规范、硬件形象提升、维修能力提升、人员素养提升,以实力打造"品质服务",呈现吉利汽车"专业、严谨、高效、亲和"的服务特色,带给用户无微不至的超高品质的服务体验。

在售后服务改善方面,全面推进落实满意吉利工程,持续对餐饮、设施、形象、服务等进行全面升级。在现场管理方面,做到整洁有序,用户接待礼貌亲和,维修车间干净、整洁、明亮、有序;启动透明车间建设项目,打造服务透明化,增强用户信任感,提高用户服务体验;在全国范围建设钣喷中心,对"钣喷车间建设及布局、钣喷工具设备、钣喷人员管理、钣喷维修规范、车间生产管理、安全及环保标准"六大标准进行导入,实现钣喷维修作业的标准化、规范化,提升用户满意度;建设吉利汽车售后服务示范站,在服务网络内树标杆、立榜样,以点带面,提升全国服务站综合运营能力,全面实现('精品 3.0 代')售后服务体系标准化、精细化、规范化,持续改善用户服务进店体验。

此外,吉利还坚持"以赛促技",提升员工技能。自 2010 年起,连续举办了 10 届全国售后服务技能大赛,推动售后服务质量显著提升,努力满足每一位用户的个性化需求。

随着吉利产品结构不断向高端化、高价值、高品质方向优化升级,售后服务体系不断完善,吉利汽车已连续 3 年实现年销超百万辆,成为中国品牌不断向上的领军者。

未来之路,吉利汽车售后服务将会以此为起点,秉持"金扳手奖"的高标准、严要求,持续提升用户满意度,用心为用户带去高品质的服务体验。

模块五
二手车置换及销售作业

二手车的置换定价

任务引入

2022年7月,商务部等17部门发布《关于搞活汽车流通 扩大汽车消费若干措施的通知》,提到汽车业是国民经济的战略性、支柱性产业,为进一步搞活汽车流通,扩大汽车消费,助力稳定经济基本盘和保障改善民生,要促进汽车更新消费:鼓励各地综合运用经济、技术等手段推动老旧车辆退出,有条件的地区可以开展汽车以旧换新,加快老旧车辆淘汰更新。

利好政策的到来,为经销店开展置换业务打开了通畅渠道,同时也对经销店的快速反应与转型提出了新的挑战——作为二手车行业从业人员,提升置换、二手车客户接待及成交等方面的业务能力迫在眉睫。

学习目标

(1)理解二手车置换的概念和意义。

(2)掌握二手车置换业务的流程。

(3)理解二手车置换业务的执行要点。

(4)能进行置换探寻,收集客户置换信息。

(5)能进行置换客户的接待。

(6)能进行置换车辆的评估、报价商谈、收购等作业。

(7)能进行置换客户的回访。

(8)培养岗位协同工作的意识。

(9)培养自身对学习和生活的正确态度,明确树立平等、公正、法治、诚信的社会主义核心价值观。

知识准备

5.1.1 认识二手车置换

5.1.1.1 二手车置换的概念

二手车置换的概念有狭义和广义之分。从广义上来说,二手车置换概念是指在以旧换新业务的基础上,还同时兼容二手车整新、跟踪服务,以及二手车在销售时折抵分期付款等项目的一系列业务组合,从而使其成为一种独立的营销方式;从狭义上来说,二手车置换只是以旧换新业务。

目前,狭义的置换业务在世界各国均已成为流行的销售方式。我国的二手车市场虽然起步较晚,但目前的交易已初具规模,年交易量达 800 多万辆,占到新车交易量的三成左右,狭义置换业务已得到长足的发展;广义的置换业务在我国尚处于萌芽阶段,急待各方面的关心和扶持。

5.1.1.2 二手车置换的意义

二手车置换的意义如图 5-1 所示。

意义一	意义二	意义三
加快经济发展,刺激需求	调剂高车价与低收入的矛盾	创新汽车营销模式
二手车置换可以加快经济发达地区的车辆更新速度,同时能刺激经济发达地区和不发达地区对机动车的需求,是满足特定消费市场的重要营销手段	汽车置换对象之一的二手车可以在某种程度上调剂高车价与低收入之间的矛盾,使其成为汽车真正进入家庭的前奏和过渡预演	二手车置换不仅能为置换客户提供全方位的配套服务,也能使其在购买新车的同时,快速变现旧车。二手车置换是汽车产业一种新型的业态,是汽车营销创新的产物

图 5-1 二手车置换的意义

5.1.1.3 置换车辆的条件

置换车辆的条件如图 5-2 所示。

条件一	条件二	条件三
各种车务手续齐全,非盗抢、走私车	在国家允许的汽车报废年限之内,且尾气排放符合要求	无机动车产权纠纷,分期付款的车辆要付清全部车款,拿回所有的车辆手续

图 5-2 置换车辆的条件

5.1.2 二手车置换业务流程

置换业务流程如图 5-3 所示。

图 5-3　二手车置换业务流程

其中，车辆销售、财务结算、手续办理是结合新车销售完成的，车辆收购内容详见模块三任务 3.2，本任务主要针对流程中的其他四个要点进行说明和实施。

5.1.2.1 客户接待

1. 集客来店

集客来店主要包括潜客邀约（主动邀约/来电促进）和潜客回访两部分内容。执行内容如图 5-4 所示。

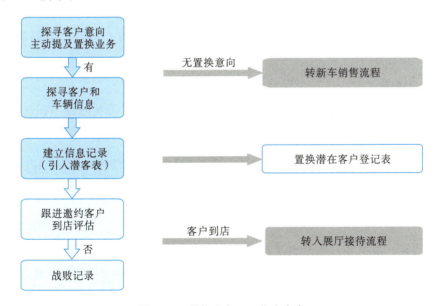

图 5-4　置换业务——集客来店

1）关键环节

集客来店的最终目的是邀约客户进店，因为只有邀约客户进店才会增加更多成交的可能。集客来店的关键环节：①需要在电话中主动提及并探寻客户是否有置换意向；②主动告知置换业务及活动政策；③了解记录客户信息（联系方式/关注的意向车型/用车经历等）。

2）执行技巧

（1）留取客户联系方式。客户类型多种多样，我们需要善于通过沟通合理留取客户的联系方式，获取客户信息。

用语示例：
- 不好意思，评估师外出看车了，您能不能留个电话，等他回来后给您回电？
- 我们正好有一个客户（或同事）想买您这样的车，我联系一下，看能不能给您高点的价格，怎么跟您联系呢？
- 您好，我们最近正好有个置换优惠活动，您可以留个电话，我们到时通知您。

（2）引导客户到店。在电话中即使沟通得再好，也不能在电话中真正的成交，只有将客户邀约引导到店，才会增加成交的可能。

用语示例：
- 二手车车况的好坏或手续的齐备，都对二手车的价格有影响，如果有时间请您来店里，我帮您安排专业鉴定，肯定给您一个满意的价格。
- 二手车经纪公司的电话报价您可不要盲目听信，往往与最终收购价差距很大，请您小心上当。

3）执行要点

在集客过程中要注意留下客户的姓名、电话、客户原有车辆的车型品牌、车龄、行驶里程等信息。

2. 客户接待

置换业务流程中的客户接待应与新车销售流程的展厅接待相融合，在探寻客户对新车的关注时主动提及客户是否涉及二手车业务。执行内容如图5-5所示。

图5-5 置换业务——客户接待

执行要点：根据客户意愿展开客户接待，着重对客户进行置换意向的探寻。分清客户是首购、增购还是换购，依据客户经历和客户需求引入相对应的流程环节。

①首购进入新车标准流程；

②增购则需在需求分析过程中了解客户曾使用车辆的感受，有助于判断客户的再次购车需求；

③换购进入置换需求分析流程。

3. 需求分析

需求分析的执行内容如图5-6所示。

图5-6 置换业务——需求分析

1)关键环节

置换业务需求分析的关键环节：①在"探寻客户需求"环节中注意获取信息；②在"销售方案推荐"环节中注意进行评估铺垫，引荐评估师。

2)执行技巧和要点

(1)获取信息。第一，需要了解客户的车辆信息，包括车型、车款、颜色、配置、登记日期、行驶里程，这些都是判断二手车残值的依据；第二，需要了解客户的心理预期，包括心理价位、置换迫切程度；第三，需要了解客户的评估经历，包括何时何地进行评估、评估价格、未成交原因等。这些信息都是影响置换业务成败的关键，需要我们去挖掘和探寻。

> **用语示例：**
> - 您现在用的是什么车啊？哪一年买的？什么颜色？是手动挡还是自动挡的？开了多少公里了？
> - 现在的车是越来越便宜了！跟您说，像您这辆用了三年的车，市场上基本都是按每年10%的折旧率递减，同时还要根据您现在这款车的价格、性能、公里数等情况综合考量，才能给您一个准确的评估价格。
> - 您对您车的价格有了解吗？您对您车的收购行情价了解吗？您什么时候在哪里了解的？

(2)评估铺垫。第一，要树立标准，强化经销店开展置换业务的服务职能，重点强调在经销店办理置换业务的交易安全性和手续便捷性；第二，降低预期，降低客户对旧车价格的心理预期，表明自己与客户站在同一立场，同时向客户介绍置换优惠活动；第三，确保车在现场，二手车的特点是一车一况、一车一价，要遵循车辆不在现场不引见评估师、不报价的原则。

> **用语示例：**
> - 评估过程并不是一个简单的看车过程，而是需要经过详细全面的检测，确定手续的核实、新车购买意向和旧车处置的意愿后，给出的报价才是有意义的。我们公司做二手车置换本来就不以营利为目的，主要是给客户提供便捷的置换服务来促进新车销售。市场的黄牛电话里老是报高价，等您到市场真要卖车的时候，黄牛最终给的价格比我们的要低好几千呢。
> - 您要是上月来置换就好了，现在正好赶上二手车市场淡季，所以价格可能低一些了。不过您放心，我会尽量给您争取高一些的二手车价格，另外看看新车能不能多优惠点儿。

(3)引荐评估师。第一，要注意郑重推荐，设置评估师的专业形象，为置换业务树立标准，从而使客户更容易接受评估价格；第二，要注重体现客户立场，创造更多沟通机会；第三，要注意引荐评估师的条件，即做好上一步的评估铺垫工作，评估完毕后需要进行评估登记,方便后期跟踪。

> **用语示例:**
> - 请您稍坐几分钟!我去办公室请我们公司最好的评估师过来。他不光经过厂家的专业培训,并且还有着多年的评估经验。您放心,保证会给您一个满意的价格!

5.1.2.2 车辆评估

在车辆评估环节,会有专业的二手车评估师,对客户的旧车进行评估,估算该车的价值。这个环节需要新车销售人员与二手车评估师一起与客户协商,确定旧车价格。执行内容如图5-7所示。

图5-7 置换业务——车辆评估

执行要点:

(1)客户信息沟通。主要进行车辆信息、评估经历、心理预期、报价策略的沟通。

(2)评估接待。确认客户车辆信息、车辆使用状况,对评估流程进行概述,树立检测标准。

(3)车辆检测。降低客户对车辆评估价位的心理预期,做到只检测不报价,并填写检测表。

5.1.2.3 报价商谈

报价商谈环节,仍然需要新车销售人员与二手车评估师进行岗位协同,共同对客户的异议进行处理,促进成交。执行内容如图5-8所示。

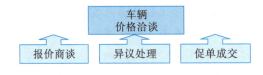

图5-8 置换业务——报价商谈

1)关键环节

置换业务报价商谈的关键环节:

①报价商谈。探寻客户是否为新旧车型打包成交,双岗协同与置换客户形成二对一谈判格局,进一步降低客户心理预期,掌握主动报价权。

②异议处理。新车销售人员与二手车评估师用内部语言进行沟通,与客户交换成交条件,同时可在与客户意见不一致时,适时终止谈判。

③促单成交。通过探寻客户需求进行价格调剂;通过新旧打包成交技巧满足客户心

理需求；通过设置成交场景刺激客户消费欲望；通过安心交易承诺给予客户安心感受。

2）执行技巧和要点。

（1）报价商谈。

新旧车型优惠打包。探寻客户对新旧车辆的关注点，通过新旧打包成交模糊客户对新旧车辆价格的关注点，并介绍置换业务相关活动使客户感到有额外收获。

> **用语示例：**
> - 您别着急，我看评估师也尽力了，要不说您运气好呢，我们现在正好有一个置换的活动，可以送您一个优惠礼包，我再去申请个保养的优惠卡给您，整体计算下来肯定会超出您的心理预期。

（2）异议处理。

①二对一谈判策略。新车销售人员与二手车评估师通过预先的内部沟通，互相配合，新车销售人员向客户传递立场一致，与客户结成"同盟"，共同与二手车评估师进行价格商谈，通过二对一谈判格局，满足客户心理需求，最终达成成交。

②交换成交条件。当客户对二手车价格产生异议时，可以和新车价格互相配合，利用新车的空间进行价格调整；评估师可以在得到客户的成交条件和承诺后，在新车销售人员的配合下离开谈判现场，为后续的价格谈判争取有利形势；当价格谈判陷入僵局时，新车销售人员应以润滑剂的角色出现，及时终止谈判，为后续跟进留有余地。

（3）促单成交。

①进行价格调剂。在谈判过程中，客户期望得到更高的旧车价格，而经销店期望获得更大的利润，二者就产生了分歧矛盾，在这个过程中就需要互相博弈。通过探寻客户需求，得到客户成交条件，作为二次报价的依据，对价格进行再次调整，争取促成旧车成交。调剂过程见图5-9。

第一次略低的报价 → 首次报价客户难以接受 → 得到用户成交条件 → 二次调整价格

图5-9 价格调剂的过程

> **用语示例：**
> - 一车一况，一车一价，别人的车和您的车未必一样，所以也没有太大的可比性。
> - 我有个同事可能想换一个类似您这样的二手车，我问问他最高能出多少，您也稍微降点儿，都往中间凑凑，您看成吗？
> - 您好，我和经理沟通了一下，太巧了！正好有一个客户准备买您这款车，您的车和他的要求基本一致，只不过这车我们卖给人家的时候还得进行一下整备，我们经理说，既然您准备定新车了，我们就按照客户买车的价格收购您的旧车了！

②设置成交场景。通过给客户设置成交以后的用车场景,刺激客户的消费欲望。

> **用语示例:**
> 我们不让您白来一趟,额外送您一个礼包,这个礼包怎么也值五六百。您要是同意的话,一会儿签了协议,提了车,您就可以把新车开走了,多方便啊!

③安心交易承诺。通过给客户告知置换、金融、保险等服务内容,强调在本店置换的客户可以把手续全部交给本店代办,省心、放心、安心,给予客户安心的服务感受。

> **用语示例:**
> · 新车旧车的手续我们全都帮您办理了!您到交易市场卖旧车,办手续还得全程跟着跑,弄不好手续再丢了,多麻烦呀!

5.1.2.4 客户回访

针对置换客户的回访,目的主要是提升客户满意度,培养忠诚客户,通过对忠诚客户的维系实现保客营销和客户转介绍。具体执行内容见图5-10。

图5-10 置换业务——客户回访

任务实施

1. 作业说明

按照"1+X"汽车营销评估与金融保险服务技术(中级)职业技能中的工作任务——二手车评估作业鉴定技术的职业技能要求,在实操业务操作中,按照"车辆置换销售作业"流程,完成车辆置换业务。

2. 技术标准与要求

置换潜在客户信息登记卡							
潜客表编号：		填表日期：		销售顾问：			
客户信息	客户名称		联系人		联系方式		
^	目标置换车型		预计置换时间		□当日 □一周内 □一个月内 □其他			
^	曾评估日期		曾评估地点		曾评估价格		
^	客户意向类型	□当日成交 □承诺成交 □意愿明确 □意愿不明				意向出售价格		
^	内部来源	□售后 □客服 □其他部门				推荐人		
^	外部来源	□路过 □网站推广活动 □客服电话 □邮件 □报纸 □杂志 □广播 □户外 □朋友推荐 □其他						
车辆信息	厂牌		车型		车牌号码		
^	使用性质	□营运 □非营运	排量		变速箱	□手动 □自动 □其他	
^	出厂年月		初登日期		表征里程		
^	颜色		车架号		手续齐全	□是 □否	
回访记录	状态	□跟进中 □已成交 □已战败			新车开票日期			
^	战败确定日期		战败原因		□旧车价格 □旧车车况 □旧车处理时间 □新车原因 □其他			
备注						

注：请学员按照实际客户信息填写。

3. 设备器材

(1) 置换业务流程。

___

(2) 车辆评估工具。

___

(3) 耗材及其他。

___

注：请学员根据场地实际设备器材填写。

4. 作业流程

(1) 根据车辆置换作业流程，完成置换潜在客户信息登记卡，各项内容在接待置换客户的各个环节进行收集与补充。

(2) 通过演练检验自身是否可以将置换业务流程执行清楚，并知道如何进行跟踪，出现战败如何进行分析。

自我测试

(1) 简述置换业务流程。

___

(2) 置换潜在客户登记卡的内容对置换成交的帮助是什么？

___

(3) 置换谈判的技巧都有哪些？请举例说明。

___

5. 填写考核工单

一、车辆信息记录					
品牌		整车型号		生产日期	
发动机型号		发动机排量		变速箱类型	手动◎ 自动◎
行驶里程		推测里程		事故状态	无◎ 小◎ 大◎
车牌号		车主姓名		变更次数	
车辆识别码					

二、对车辆进行评估及记录

1. 车身评估情况

编号	损坏部件名称	事故情况	损坏原因	维修措施
1		无◎ 轻微◎ 严重◎	无◎ 掉漆◎ 变形◎ 腐蚀◎	无◎ 更换◎ 检修◎
2		无◎ 轻微◎ 严重◎	无◎ 掉漆◎ 变形◎ 腐蚀◎	无◎ 更换◎ 检修◎

2. 整车性能评估

编号	检测项目	检查结果	异常说明	维修措施
1	发动机性能	正常◎ 异常◎	无◎ 磨损◎ 损坏◎ 其他◎	无◎ 更换◎ 检修◎
2	自动变速箱性能	正常◎ 异常◎	无◎ 磨损◎ 损坏◎ 其他◎	无◎ 更换◎ 检修◎
3	制动性能	正常◎ 异常◎	无◎ 磨损◎ 损坏◎ 其他◎	无◎ 更换◎ 检修◎
4	转向系统	正常◎ 异常◎	无◎ 磨损◎ 损坏◎ 其他◎	无◎ 更换◎ 检修◎
5	悬架系统	正常◎ 异常◎	无◎ 磨损◎ 损坏◎ 其他◎	无◎ 更换◎ 检修◎

三、能根据评估报告对车辆进行估价

新车价值	客户期望值	第一次估价	平台估价	平台估价	第二次估价

拓展学习

《商务部等 17 部门关于搞活汽车流通 扩大汽车消费若干措施的通知》
商消费发〔2022〕92 号

一、支持新能源汽车购买使用

（一）促进跨区域自由流通，破除新能源汽车市场地方保护，各地区不得设定本地新能源汽车车型备案目录，不得对新能源汽车产品销售及消费补贴设定不合理车辆参数指标。

（二）支持新能源汽车消费，研究免征新能源汽车车辆购置税政策到期后延期问题。深入开展新能源汽车下乡活动，鼓励有条件的地方出台下乡支持政策，引导企业加大活动优惠力度，促进农村地区新能源汽车消费使用。

（三）积极支持充电设施建设，加快推进居住社区、停车场、加油站、高速公路服务区、客货运枢纽等充电设施建设，引导充电桩运营企业适当下调充电服务费。

二、加快活跃二手车市场

（四）取消对开展二手车经销的不合理限制，明确登记注册住所和经营场所在二手车交易市场以外的企业可以开展二手车销售业务。对从事新车销售和二手车销售的企业，经营范围统一登记为"汽车销售"，按有关规定做好备案。备案企业应如实填报经营内容等信息，商务部门要及时将备案企业信息推送至公安机关、税务部门。自 2022 年 10 月 1 日起，对已备案汽车销售企业从自然人处购进二手车的，允许企业反向开具二手车销售统一发票并凭此办理转移登记手续。

（五）促进二手车商品化流通，明确汽车销售企业应当按照国家统一的会计制度，将购进并用于销售的二手车按照"库存商品"科目进行会计核算。自 2022 年 10 月 1 日起，已备案汽车销售企业申请办理小型非营运二手车转移登记时，公安机关实行单独签注管理，核发临时号牌。对汽车限购城市，明确汽车销售企业购入并用于销售的二手车不占用号牌指标。

（六）支持二手车流通规模化发展，各地区严格落实全面取消二手车限迁政策，自 2022 年 8 月 1 日起，在全国范围（含国家明确的大气污染防治重点区域）取消对符合国五排放标准的小型非营运二手车的迁入限制，促进二手车自由流通和企业跨区域经营。自 2023 年 1 月 1 日起，对自然人在一个自然年度内出售持有时间少于 1 年的二手车达到 3 辆及以上的，汽车销售企业、二手车交易市场、拍卖企业等不得为其开具二手车销售统一发票，不予办理交易登记手续，有关部门按规定处理。公安机关、税务部门共享核查信息，税务部门充分运用共享信息，为有关企业开具发票提供信息支撑。

三、促进汽车更新消费

（七）鼓励各地综合运用经济、技术等手段推动老旧车辆退出，有条件的地区可以开展汽车以旧换新，加快老旧车辆淘汰更新。

（八）完善报废机动车回收利用体系，支持符合条件的企业获得报废机动车回收资质。对《报废机动车回收管理办法实施细则》施行前已取得资质的企业，如因新冠肺炎疫情影响无法按期重新完成资质认定的，可延期到2023年3月1日。加大对报废机动车回收企业建设项目用地支持力度，企业建设项目用地性质原则上应为工业用地，对已取得报废机动车回收资质的企业及本文件印发后3个月内获得用地审批或建设工程规划许可的在建项目，按已确定的用途使用土地。

四、推动汽车平行进口持续健康发展

（九）支持汽车整车进口口岸地区开展汽车平行进口业务，经省级人民政府批准汽车平行进口工作方案并报商务部备案，汽车整车进口口岸即可开展汽车平行进口业务。完善平行进口汽车强制性产品认证和信息公开制度，允许企业对进口车型持续符合国六排放标准作出承诺，在环保信息公开环节，延续执行对平行进口汽车车载诊断系统（OBD）试验和数据信息的有关政策要求。

五、优化汽车使用环境

（十）推进城市停车设施建设，切实提升城市停车设施有效供给水平，加快应用新技术新模式，推动停车资源共享和供需匹配。新建居住区严格按照城市停车规划和完整居住社区建设标准建设停车设施。结合城镇老旧小区改造等城市更新行动，积极扩建新建停车设施。合理利用人防工程、公园绿地地下空间等，挖潜增建停车设施。各地要完善停车收费政策，强化资金用地政策支持，加大力度使用地方债支持符合条件的停车设施建设。

（十一）发展汽车文化旅游等消费，在用地等方面支持汽车运动赛事、汽车自驾运动营地等项目建设运营，研究制定传统经典车辆认定条件，促进展示、收藏、交易、赛事等传统经典车相关产业及汽车文化发展。

六、丰富汽车金融服务

（十二）鼓励金融机构在依法合规、风险可控的前提下，合理确定首付比例、贷款利率、还款期限，加大汽车消费信贷支持。有序发展汽车融资租赁，鼓励汽车生产企业、销售企业与融资租赁企业加强合作，增加金融服务供给。

任务 5.2

二手车的销售作业

任务引入

据中国汽车流通协会数据显示，2022年全国二手车累计交易约1292.3万辆，随着二手车交易市场的繁荣，许多汽车厂商纷纷建立了自己的二手车交易品牌，比如上汽大众的阳光易手车、一汽丰田的安心二手车、奔驰的星睿二手车等，同时也建立起了一套行之有效的二手车销售标准流程，出现了一个新的职业岗位——二手车销售顾问。那么，二手车销售与新车销售有什么区别呢？我们应该如何进行二手车的销售工作呢？

学习目标

(1)掌握二手车销售作业流程的执行要点。

(2)能够运用二手车销售作业流程执行要点，进行二手车销售。

(3)通过本任务的学习，培养二手车销售顾问应具备的"5W3H"意识(做什么What/在哪里Where/什么时候When/谁Who/为什么Why/怎么做How/多少钱How much/多少个How many)、PDCA意识(计划Plan/实施Do/检查Check/处理Active)。

(4)增强职业认同感，树立二手车销售顾问岗位职责意识与职业道德规范意识，培养"以人为本，以客户为尊，以专业为服务，以满意为品质"的职业理念。

知识准备

5.2.1 二手车销售作业概述

5.2.1.1 二手车顾问式销售

二手车顾问式销售指的是销售人员发现顾客需求，并提供满足顾客需求的产品和服务,达到双赢的目的,最终创造终身顾客。

5.2.1.2 二手车顾问式销售流程

二手车顾问式销售流程是指二手车销售顾问通过潜在客户开发、客户接待与咨询、产品展示和体验、交易洽谈与跟进、成交和车辆交付、客户忠诚度管理6个步骤(图5-11),使得二手车销售工作有方法,行动有方向,考核有标准。降低二手车销售顾问工作失败的风险,提升工作效率,传递统一品牌形象,为企业创造忠诚客户。

图5-11 二手车销售作业流程

5.2.2 潜在客户开发

5.2.2.1 目的

二手车销售顾问想要保持稳定的销售量就必须拥有足够的顾客积累。在实际销售过程中,由于顾客购买行为的完成或顾客流失,导致顾客数量不断减少,如果没有新顾客资源补充,就会造成销售量的持续减少,所以必须通过各种途径与方法不断地积极主动寻找新的顾客资源,潜在客户开发是保持稳定销售量的前提条件和基本保障。

5.2.2.2 执行要点

1. 潜在客户开发渠道

潜在客户开发主要通过线上与线下2种集客方式。线上开发主要有垂直网站(比如58同城、二手车之家)、电商平台(瓜子、优信、弹个车)和自媒体(微信、QQ、抖音)3种方式。线下开发主要是现有的二手车展厅、展棚、展场、新车展厅,还有经常走出公司参加的车展、商展、巡展,还包括一些乡镇汽贸公司、快修店、二手车商等都有可能帮助公司获得销售线索,总结起来主要有二手车卖场、市场外拓和基盘挖掘3种方式(图5-12)。

图 5-12 潜在客户开发方式

2. 潜在客户开发标准流程

潜在客户开发四大要点:上下联动、渠道多元、主动出击、实效为先。

(1)潜在客户管理计划。

①潜在客户管理计划制订。二手车销售顾问针对"本月零售目标"设定潜客目标数。

②潜在客户销售促进。二手车销售顾问针对潜客目标数,设定客户邀约计划,支持零售目标达成。

(2)主动联络与邀约客户。

①了解潜在客户信息。二手车销售顾问在接到客户资料后,应在 24 小时内进行第一次跟踪;对于首次到店客户,应在 24 小时内进行第一次跟进,再次确认客户级别。

②主动与客户联系。自我介绍;询问客户是否方便接听电话——"希望我的电话没有打扰到您";保持微笑、放松。

③客户沟通,信息提供。通过询问来确定客户当前的购买状况——"您现在考虑得如何了"。运用同理心式的提问来确认客户的购买状况、需求、优先事项和制约因素等。对他人的状况和遇到的问题表示理解——"我理解您的想法,毕竟买车是一件大事,您多考虑一下是应该的"。询问客户是否需要帮助,告知客户愿意随时提供帮助。

④收集客户信息。根据客户的反馈,提供与客户购买决策最相关的信息或服务,解释服务对解决客户的问题所带来的意义和价值(如:产业政策、服务优惠),通过双方沟通,收集客户信息并记录。

⑤邀约客户到店。建议或者促进下一次面对面的沟通交流。如果客户接受的话,要表示感谢,同时再一次对达成的一致之处进行复述确认;如果客户没有接受的话,也要对占用他的时间表示感谢;如果客户已经从别处购车,尊重并恭喜他的决定,同时询问客户需要,在将来如何更好地为客户服务的建议,并对客户表示感谢。

(3)来电、网络客户促进与邀约。

①接听电话、迅速回复客户。铃响 3 声内接听电话,来电咨询由专人接听,确保

电话畅通。

②自我介绍。自报品牌、姓名、职务；主动询问客户姓氏、称呼；确认对方姓名与致电目的，记录客户信息，注意电话礼仪，对话时面带微笑。

③确认客户来电沟通目的。针对客户来电需求，迅速向潜在客户提供恰当的答案。

④解答客户问题。与客户沟通过程中，主动介绍当期市场活动信息，吸引客户前来展厅。

⑤收集客户信息。主动询问客户需求，并记录。

⑥邀约客户到店。邀约客户随时来访经销商，如有可能预约时间。

⑦提供到店指引。为客户提供到店指引，并以短信或微信等方式发送给客户。

⑧预约客户到店时间。根据客户需求和个人工作安排预约客户到店时间。

⑨感谢客户、道别。礼貌道别，待客户挂断电话后再轻放电话，如遇节假日，必须以"祝您××节愉快"或"周末愉快"结尾。

⑩关怀短信、微信发送。通过短信、微信给客户发送关怀信息。

⑪填写客户信息卡同步系统信息。汇总当日客户信息登记表，完善客户信息卡，录入系统。

⑫预约前一天确认。在预约前一天再次联络客户并确认时间，做好相应准备。

5.2.3 客户接待与咨询

5.2.3.1 目的

客户接待与咨询是实现销售的重要环节，二手车销售顾问对客户的接待应专注在建立关系、缩短人与人之间的距离上，通过热情的迎接、温馨的接待消除客户的戒备心理，以建立彼此互信的关系，引发客户对产品的兴趣，为继续商谈奠定良好的基础。同时，客户之所以购买某种产品或服务，总是为了满足一定的需要，不同的客户有着不同的需求，所以二手车销售顾问还必须清楚他们的购车动机，以便有针对性地向客户推荐最适合的二手车型。

5.2.3.2 执行要点

1. 客户接待标准流程

（1）接待前准备。

①人员准备：仪容仪表准备、个人素养培养、产品知识积累。

②销售环境准备：销售场地外部环境、销售场地内部环境。

③展车准备：展车外部准备、展车内部准备。

④销售工具包准备：计算器、便笺纸、笔、名片、手电筒、温度计；客户信息卡、产品体验协议书、产品体验路线图、报价单、二手车销售合同；车险、消费金融、车友汇等业务宣传资料及服务内容和相关文件。

(2)客户抵达。

①门卫着标准制服,敬礼致意,询问来意,如是维修保养客户,指引客户到维修(预检)区。

②如是看车客户,确认有无预约,耳麦通知二手车销售顾问,指引客户到销售展厅。

(3)引导客户停车。

①(对于开车客户)主动出门迎接,并为客户开车门。

②如果客户在雨雪天或酷暑时前来,二手车销售顾问主动拿伞出门迎接,天热时为客户车辆安置前后挡风玻璃遮阳罩。

③(对于未开车客户)主动出门迎接,在展厅外迎接客户。

④引导客户进入展厅。

(4)客户进入展厅。

①微笑,主动自我介绍。

②询问客户称呼,并用姓氏尊称客户(对于非预约客户)。

③询问客户是否是第一次来展厅(对于非预约客户)。

④如果是再次进店,询问客户熟悉的二手车销售顾问姓名,通知指定的二手车销售顾问接待。

(5)邀请客户到洽谈区。

①引导客户选择吸烟区或非吸烟区入座,优先考虑靠近客户意向车型(针对再次进店客户)的洽谈区,座位朝向应便于让客户看到展车。

②主动为客户拉椅子或者用标准语"请",并招呼客户同行人员入座。

③主动告知可供选择的饮品种类,询问客户的选择。

(6)接待与寒暄。

①简要介绍品牌服务理念、增值服务项目,询问客户准备的逗留时间,引导客户选择合适的增值服务,并为客户做好安排。

②通过寒暄方式,创造轻松的谈话氛围,利用"比较赞美法"或"应时应景法"选择合适的寒暄话题,快速与客户建立关系,消除紧张气氛,获取客户的信任。

2. 客户咨询标准流程

客户咨询四大要点:"望(观察)问(挖掘)闻(聆听)切(判定)"。

(1)初步需求分析,填写购车咨询报告。

①应用"聊天式提问技巧",向客户提问,尽可能多了解客户信息。话题可以不拘泥于产品,尽量扩大提问内容的范围。

②应用"积极倾听"技巧,利用需求分析问题清单,有选择性地提问开放式问题,从过去到现在到将来的问题,逐步深入探寻客户需求及产生需求的生活方式/情形。

③在倾听过程中寻找机会，适时引导需求分析。
④在恰当的时机总结客户谈话的主要内容，通过封闭性问题寻求客户的确认。
⑤根据客户需求主动推荐合适的一到两款车型。
⑥询问客户是首次购车、添购还是置换购车。对于置换客户，则进行置换需求分析，包括置换业务介绍、置换信息沟通及评估铺垫。
⑦将收集到的信息填入客户信息卡。
(2) 引导客户走向展车。
引导客户走向整备翻新后的展车，结合客户需求介绍产品。

5.2.4 产品展示和体验

5.2.4.1 目的

产品展示是二手车销售顾问明确了客户的需求与购买能力后，以客户的需求为中心，根据对方的实际情况向客户主动推荐合适的二手车型。在对产品进行具体的介绍时，二手车销售顾问一定要做到紧扣需求、有主有次、有条有理、生动形象、通俗易懂。同时，产品体验让客户具有对车辆的实际驾乘体验，更进一步地了解车辆的具体性能，也可以和客户再次沟通，了解其对于产品的需求，根据情况做出合适的调整。

5.2.4.2 执行要点

1. 产品展示标准流程

(1) 产品展示原则：主要向客户展示品牌及价值、本店优势、产品核心卖点，提升产品"溢价"能力。

①主动引导客户至车旁参观车辆，与客户沟通时视线与客户视线齐平。
②关注客户需求，根据客户需求介绍产品卖点。在介绍展车的同时，适时向客户介绍增值业务（消费信贷/原装附件/车险）。
③当客户对产品产生异议时，仔细倾听客户的想法，不要争辩，利用异议处理技巧处理异议。
④公正客观地评价竞品，不要为了突出产品优势，使用攻击性或侮辱性的语言攻击竞争对手。
⑤介绍时尽量用通俗的语言，确保客户能够理解；应用感官销售技巧，让客户从"视觉""听觉""触觉"几个方面全面体验产品。
⑥耐心礼貌地对待客户，主动帮客户打开发动机舱盖、车门、行李箱，为客户调节座椅。
⑦展示原装附件亮点，介绍时尽量用通俗的语言，确保客户能够理解。同时结合实车展示效果体现原装附件的独有特性（如整车良好的契合性、优良的做工、可靠的安全性等）。

⑧若客户对原装附件表现出一定的兴趣,可邀请客户至附件展示区参观并作详细介绍。

⑨客户离去后,二手车销售顾问应将展车座椅、车窗玻璃等复位,并擦去车辆上的指纹等。

(2)产品展示四大要点:"看(车身外观、车辆内饰、发动机舱、后备箱)闻(车内气味)听(关门声音、音响效果、发动机呼啸)摸(车辆内饰、车身表面)"。

(3)六方位产品展示。

车况介绍包括车辆保养记录(车辆历史保养状况)、车辆历史(车辆的使用历史)、车身结构(水箱框架、前纵梁、A/B/C柱、车身纵梁)。

①左前部介绍(品牌、外观)。介绍品牌价值;介绍产品大类的基本情况;讲解展示的车辆;突出主要设计风格;讲述车辆鉴定基本方法。

②发动机舱介绍(发动机性能及现况)。演示打开发动机舱盖的便利性及本部位鉴定知识。介绍发动机舱及其严谨的布局,介绍车辆发动机部件原厂整备及车况鉴定知识。

③乘客侧介绍(整车现况)。突出车辆买点,说明安全装置,例如侧面碰撞保护、制动、底盘和悬挂。结合车辆鉴定评估知识介绍车辆,并与客户互动,鼓励客户自己动手体验。

④后部介绍(车况及附件)。

⑤后排座椅介绍(舒适性、空间、完整度)。展示进入后排座椅的便利性;突出宽敞的腿部和头部空间;展示整备的细节。

⑥前排座椅介绍(操控性和车况)。演示进入前排座椅的便利性;演示座椅、方向盘及后视镜的调节以达到理想舒适的驾驶位置;演示与驾驶相关的功能、装备和特征;演示相关娱乐系统的功能。

(4)展示产品亮点。

①展示产品符合特定的客户需求,在产品与客户之间建立情感联系。

②清晰地介绍配置的优势。

Feature(配置)——特定的产品装备或配置。

Function(功能)——产品装备的功能。

Benefit(利益)——装备的功能带来的客户利益和价值。

使用FFB技巧时,尽可能了解客户的工作或生活背景,以客户的语言或熟悉的情境突出产品因满足客户需要而带来的利益,赢得客户的认同。最后,趁热打铁,巧妙地强调产品的独特优势。

(5)解决客户疑问。

①客户表示疑问或异议时是一个向其介绍更多信息的机会。

②在回应前倾听客户意见。

③用 CPR 方法，处理疑问或异议，既能体现二手车销售顾问的专业知识，又是展示产品卖点的良机，有助于提高成交的成功率。

Clarify(说明)——诚意请客户说明具体疑问或异议，既表现出对客户的疑问或异议的重视，又便于二手车销售顾问识别问题。

Paraphrase(复述)——复述以确认疑问或异议，考虑有针对性的回复。

Resolve(解决)——以巧妙的回复解释疑问排除异议，再提出解决方案。

(6)应对质疑。

大多数客户都会关注不止一辆车，所以必须了解竞争对手。

Acknowledge(认可)——对于客户观点予以肯定，认同客户对竞品的评价。

Compare(比较)——提出真实数据，客观证明产品优势。

Elevate(提升)——将产品优势设为购买标准，再次确认客户是否认同。

(7)客户表示要离开。

①如果客户不愿意试乘试驾，表示要离开时，首先要感谢客户的到访。

②将产品介绍资料与二手车销售顾问名片订在一起，在产品资料上用彩笔标记客户关心的卖点，交给客户。

③询问客户常用的联系方式和联系时间，告知客户会与之联系，根据客户的需求寻找恰当的理由与客户保持联络，邀请客户再次进店。

(8)感谢客户来访并送别客户。

①送客户至展厅门外，再次感谢客户，目送客户离开。

②客户离开后，二手车销售顾问要及时整理客户资料，新建或更新客户信息卡，将关键信息输入系统。

2. 产品体验标准流程

(1)产品体验准备。

①车辆的准备。每周至少一次对展示车辆进行检查，参照展示车辆自查表检查车况。炎热和寒冷天气产品体验时，应提前开启车内空调，保证开始产品体验时，车内温度适宜。

②产品体验线路的准备。根据销售商周围环境，至少准备两条产品体验线路供客户选择。产品体验线路既要考虑到客户的需求，也要能展现车辆的性能。

③产品体验人员的准备。在产品体验过程中，二手车销售顾问要全程陪同客户。二手车销售顾问必须具备有效的驾驶执照和熟练的驾驶技巧。二手车销售顾问必须非常熟悉产品体验路线。

(2)主动提供产品体验。

①向客户介绍完产品后，主动询问客户是否愿意体验车辆，如客户表示没有兴趣，采用无压力的邀约方法，主动邀请客户体验产品。

②向客户介绍产品体验能够带来的好处。

③说明产品体验的选择,如线路、车辆等。如果需要,可以将车辆送到客户的工作地点或家中,还可以提供深度产品体验的服务。

④说明后续的流程,并请客户出示驾驶证。

⑤如果客户不符合产品体验条件(没有驾照/没带驾照/驾照过期等),建议有二手车销售顾问示范驾驶,客户乘坐。

(3)文件准备和产品体验前的解释说明。

①查验客户的驾驶证并复印归档,向客户解释相关文件,签署产品体验协议书。

②在产品体验前,二手车销售顾问应用1~2 min向客户简单介绍产品体验流程(先乘坐、换手、后驾驶)、线路图、所需时间、应注意的安全事项,如有任何问题都可以向二手车销售顾问随时提出。

(4)二手车销售顾问示范驾驶,推荐原装附件。

①客户上车前,应确保车内温度适宜,必要时提前开启空调。

②客户上车前,产品体验专员应保证车内有足够的燃油(至少有半箱油),且车头朝外。

③客户上车前,二手车销售顾问询问客户是否需要瓶装饮料。

④根据客户的情况(乘坐/驾驶,1人/多人)合理安排座次。

⑤在客户乘坐过程中,二手车销售顾问应适时与客户深入沟通,了解客户生活方式、相应的用车场合和用车习惯,并根据客户的兴趣调整产品体验侧重点。同时,结合具体体验路段及相应测试项目,引导客户体验舒适性、安全性、动力性和操控性,例如在何处测试动力性能,何处测试紧急制动等项目。另外,还可结合客户喜好,适时向客户推荐原装附件。

⑥运用FFB、CPR、ACE等技巧介绍产品,处理客户异议。如果客户将外部渠道附件与原装附件进行比较,鼓励客户进行差异化体验,在不攻击竞品的前提下,突出产品的卖点。

(5)换手。

①按产品体验线路图设计,在预定位置换手。

②示范驾驶人员将车辆靠路边停稳,将车辆熄火,拔出钥匙,下车后为客户打开车门,然后在副驾驶座入座,待客户进入驾驶座后,将钥匙交给客户,再发动汽车。

③换手后,协助或提醒客户调节座椅和后视镜等配备,确认客户乘坐舒适并系好安全带,再次提醒客户安全驾驶事项。

(6)客户体验。

①根据客户的需求和兴趣,调整客户体验的侧重点,重点体验舒适性、安全性、动力性和操控性。语言尽量简短,尽量不影响到客户开车的情绪,不分散注意力。

②试驾过程中,遇到行人、车辆较多的路段、路口、红绿灯、障碍物等,提醒客

户减速或停车。

③如果客户之前体验过其他车型，鼓励客户进行比较，并进行差异化体验，在不攻击竞品的前提下，突出产品的卖点。

④在产品体验中，二手车销售顾问应全程陪同。

(7)产品体验结束回到展厅。

①邀请客户回到展厅。

②说明产品体验之后的流程。

③引领客户进入洽谈区，再次询问客户是否需要饮品，并提供相应服务。

④帮助客户回顾产品体验过程并交流感受，认可客户的感受，引导客户将话题转移到产品优势方面。

(8)尝试成交。

①再次与客户确认准备用车的时间和付款方式。

②向客户介绍尽快购车能够为客户带来的利益(如可以尽快提车、可以参加促销活动)。

③如果客户表示感兴趣，引导客户进入交易洽谈环节。

④如果客户表示没有兴趣，向客户致谢，并送别客户。

(9)致谢并送别客户。

①询问客户的联系方式和联系时间，告知客户将会保持联系。

②再次感谢客户，陪客户走出展厅，目送客户离开。

③待客户离去后，根据对客户的需求分析结果，将客户分级。

④整理客户信息，填写或更新客户信息卡等相关表单，并输入系统。

5.2.5 交易洽谈与跟进

5.2.5.1 目的

在二手车销售过程中，交易洽谈与跟进是最重要、最关键的阶段。在该阶段，二手车销售顾问与客户进行确认，根据客户的需求为客户提供至少两组的个性化购车方案，合同条款与附加条款均对客户透明，强调让客户觉得物有所值，提升品牌溢价能力，同时对于当时不能决策的客户，需要保持黏性，再次邀约。如若交易洽谈失败，还应及时进行战败统计与分析，管理战败客户。

5.2.5.2 执行要点

1. 交易洽谈标准流程

(1)交易洽谈前的准备。

①查看库存的情况，了解不同车型、配置、颜色的产品数量。

②交易洽谈应在相对独立的房间内进行，避免影响展厅接待。

③签约室内应有签约和交车的大致流程和介绍。
④签约室内应有增值业务(消费信贷、车险、衍生服务)简介,以及参考费用说明。
(2)确认客户所购车辆。
①介绍各车辆的具体情况,并参考客户需求重点推荐。
②展示车辆资料(车辆证书、维护保养记录、认证过程记录等)。
(3)确认客户是否有增值业务和衍生服务需求。
①借助签约室内的签约流程、增值业务和衍生服务介绍或印制的宣传介绍,向客户介绍业务或服务内容。
②如果客户有相应需求,简要向客户介绍办理流程和费用情况。
③根据客户的性别、年龄、职业、用车习惯等客观因素,以及客户在产品介绍、体验过程中对原装附件产品的兴趣度,向客户推荐相关附件,并询问是否有兴趣至附件展示区做进一步的了解和挑选。
④如果客户表示需要贷款,向客户提供两家以上的贷款机构供客户选择,向客户详细介绍贷款的流程。
(4)填写报价单并加以解释。
①根据客户的选择为客户填写报价单。
②向客户报价,详细解释价格。
③询问客户是否认可所报价格,如果客户认可报价,开始签约流程。
④如果客户对报价有异议或不打算立即签约,二手车销售顾问可进一步解释价格政策,让客户了解所获得的价值。
⑤如果客户仍有异议或不打算立即签约,二手车销售顾问表示理解,给予客户考虑时间。
⑥客户表示要离开时,二手车销售顾问感谢客户的到访。
⑦询问客户常用的联系方式和联系时间,告知客户会与之联系,根据客户的需求寻找恰当的理由与客户保持联络,邀请客户再次进店。
⑧送客户至展厅门外,再次感谢客户,目送客户离开。
⑨整理客户信息,利用客户分级工具,将客户分级,填写或更新客户信息卡等相关表单,并将关键信息输入系统。
(5)解释价格,有效谈判。
①解释价格政策,让客户了解所获得的价值。
②解释《二手车买卖合同》细节,并说明可能的隐含优惠。
③必要时请二手车经理参加最后的谈判,让客户有被重视的感觉。
(6)提出成交要求,提供购车合同。
①请客户确认报价内容。
②签约前,利用看板和报价单,对签约流程和细节简单说明。

③根据客户所购车型，制作合同。

④根据客户选择的衍生服务，填写报价单。衍生服务合同应采用独立的文件，按照合作方的正规示范格式文本进行，并注明此类服务和产品不包括在质量担保范围内。

⑤对于置换购车的客户，应做好二手车相关文件的交接工作，对二手车相关责任进行明确，并就后续服务进行约定。

⑥对合同条款和其他文件条款进行详细说明，对重点条款应重复说明。

⑦让客户有充分的时间考虑合同条款的内容。

⑧再次确认付款方式，如客户需要置换服务，应与客户确定车款结算方式和二手车产权移交期限，并在相关文件中注明。

⑨如果客户选择车险或消费信贷，协助客户办理贷款手续。

(7)合同签署预约交车时间。

①签约完成后，对客户表示感谢，并预约交车时间和地点。

②简要介绍交车的流程和交车区。

③询问客户交车时是否有其他人参加，是否需要对场地和车辆进行个性化装饰，询问客户对交付车辆是否有特别要求，并记录在报价单中。如发生费用，也一并记录，请客户签字确认。

④二手车销售顾问复印客户签字的报价单，确认并整理所有书面材料原件或客户联，装入专用封套，交给客户。

2. 售前跟进标准流程

(1)预约跟踪。

①询问客户最佳的联系时间及方式。

②介绍后续步骤(电话跟进)。

③确定跟进理由(优惠活动、购买意向确认、竞品对比回馈、再次邀约到店体验产品等)。

④在客户信息卡相应表中记录客户的联系方式，并输入系统。

⑤根据"客户分级"工具判定客户级别，并根据客户级别确定跟进方案，记录在客户信息卡相应表中，并输入系统。

(2)跟踪前准备。

①物料准备(笔纸、产品、竞品资料等)。

②心态准备(微笑、声音等)。

③设定此次谈话内容及目的。

(3)与客户联系。

①问候客户。介绍姓名、所在品牌店。先询问客户是否方便讲话。保持微笑、放松，谈话时主动运用肢体语言，感觉是在和客户面对面沟通。

②了解客户目前的购买状况和未做出购买决定的原因。

通过询问来确定客户当前的购买状况。

运用同理心式的提问来确认客户的购买状况、需求、优先事项和制约因素。

对他人的状况和遇到的问题表示理解。询问客户是否需要帮助，告知客户愿意随时提供帮助。

根据客户的反馈，提供与客户购买决策最相关的信息或服务，解释服务对解决客户的问题所带来的意义和价值。如，产业政策（购置税费/上牌限制）、产品升级和促销、服务优惠、增值业务（消费信贷/车险/原装附件），在客户方便的时间和地点提供进一步的产品体验（甚至为客户提供上门服务）等。

③建议或者促进下一次面对面的沟通交流。如果客户接受的话，要表示感谢，同时再一次对达成的一致之处进行复述确认。如果客户没有接受，也要对占用他的时间表示感谢。如果客户已经从别处购车，尊重并恭喜他的决定。同时询问客户需要及在将来如何更好地为客户服务的建议，并对客户表示感谢。在客户挂断电话后挂断电话。

（4）与客户联系后的信息整理。

①与客户结束通话后，将跟进获得的主要信息记录在客户信息卡相关表中，并根据回访情况更新客户意向等级，制订下一轮跟进计划。

②如果客户已支付定金，则将客户的状态改为"订金订单客户"。

③对已支付订金的客户应尽快交车。

④如果客户已经购买了其他品牌的车或在其他店购买了产品，记录客户的未购买原因，做好战败分析，将更新的信息输入系统。

5.2.6　成交和车辆交付

5.2.6.1　目的

车辆交付的时候是客户最为兴奋的时刻，所以在该阶段要创造令客户欣喜的交车仪式，让客户感到受到重视，并且使客户感到经销商很感激其做出的购买决定。同时经销商还应履行对客户的承诺，为客户提供无瑕疵的产品和服务。

5.2.6.2　执行要点

1. 交车前准备标准流程

①查看客户所订的车辆状态，确认能否准时交车，如有延迟，查明原因。

②通过事先约定的方式，在约定期限内联系客户，告知客户车辆的状态。如果等待期超过两周，二手车销售顾问应每周（或针对客户要求）用与客户约定的方式向客户报告车辆的状态，增强客户购买的信心。

③如果交车有延迟，二手车销售顾问应及时通知客户，为延迟道歉，解释延迟原因。同时，告知客户预计到货日期，并预约交车日期和时间。

④交车前一天，致电客户，与客户再次确认交车日期和时间，询问交车当日客户的时间安排和需求，将客户反馈记录于客户信息卡，并更新系统。根据客户的时间安排和需求，简要介绍交车流程，尽量请客户预留1个小时左右的时间，举行交车仪式。

⑤请二手车经理协助安排当天需出席交车仪式的其他部门人员。

⑥根据之前与客户的沟通，帮客户准备个性化的交车仪式。

⑦告知财务部门客户可能的付款时间，请财务部门配合，提前做好准备，尽量避免客户的等待。

⑧确认交付车辆已通过检查，根据报价单确认交付车辆已完成客户需要的衍生服务和增值业务。确认客户的付款条件和付款情况，确保交车区整洁，并进行个性化布置。确认写有客户姓名的欢迎看板已准备好。

⑨二手车经理在会上统计次日预约交车的数量，确认二手车销售顾问已经完成交车前的准备，确认是否需要其他支持，将预约客户姓名和到达时间记录在当日到访客户信息表，并交给门卫。

⑩二手车销售顾问填写出库单，并由二手车经理和财务经理签字确认。

⑪车辆管理员在出库单上签字，并在约定的时间内将车送交车区。

⑫清洗车辆，保证车辆内外美观整洁。

⑬提前帮助客户设置好一些个性化设置，如校准时钟、调整收音机频道和导航等。

⑭如果无法为车辆注入燃油，应保证车内燃油足够开到最近的加油站。二手车销售顾问可以陪同客户到加油站加油，在指引线路的同时，为客户讲解车辆的使用，或者在示范驾驶时，选择从经销商到加油站的路线作为试驾路线。

⑮根据客户预约交车时间，与财务再次确认收款时间，请财务做好准备。

2. 车辆交付的标准流程

(1)客户接待和引导。

①参照"客户接待"标准流程中的门卫接待标准。

②二手车销售顾问接到门卫通知客户已经到达后，应立即走出展厅迎接客户，如果无法立即接待，应先通知展厅接待员邀请客户在洽谈区休息，并尽快前来接待。

③二手车销售顾问感谢客户的到来，向客户介绍交车流程，询问客户的时间安排，根据客户的时间安排调整交车的内容，告知客户交车可能持续的时间。

④向客户解释交车仪式能够带来的好处。

(2)签署文件。

①询问客户是否采用之前商定的支付方式付款，如果客户选择消费贷款，检查首付、月供的数额和首付款的最后付款日期。

②向客户推荐衍生服务或增值业务。如客户需要衍生服务或增值业务，利用报价单说明各项目和明细费用。如客户需要增值业务，参照增值业务相关流程。确认客户

需求后，将费用并入购车费用。解释、签收相关文件，回答客户问题。

③将签好的文件装入专用交车文件袋。

(3)引领客户至收银台付款。

①二手车销售顾问引领客户至收银台付款。

②二手车销售顾问向客户介绍出纳。

③出纳微笑，问候客户，收银。

④出纳将票据装进印有标识的信封，站起并双手递给客户，向客户致谢，恭喜客户。

(4)发放认证证书，发放质保凭证。

①二手车销售顾问取出先前准备好的"质保凭证(认证证书和用户手册)"，向客户解释认证主要内容和注意事项，与客户逐项核实确认无误后，由二手车销售顾问在"质保凭证"上签字并加盖合同专用章后复印，原件交给客户，并再次确认客户了解"主要内容和注意事项"，并嘱咐客户妥善保管好相关文档。

②将交车检查表上所列的文件交给客户。

③与客户一起核对交车检查表，核对无误并解释以确保客户知晓各项内容，然后请客户签署交车检查表。

④向客户表示感谢，并整理"质保凭证"复印件、交车检查表、《二手车买卖合同》(经销商联)等文件。

(5)车辆展示。

①利用交车检查表陪同客户做绕车检查，重点针对车辆外观和客户的购买需求，再次强调车型的配置、功能和好处，让客户确认作出了正确的选择，突出说明车辆外观漂亮、客户在颜色选择上有品位，强调车辆状态良好。

②交付钥匙，为客户展示车辆。

③与客户一同坐进车内(客户在驾驶位)，简单介绍基本使用功能。

(6)介绍俱乐部专员。

①通知俱乐部专员前来，并向客户介绍。

②俱乐部专员主动与客户握手，自我介绍，递交名片，恭喜客户。

(7)交车仪式。

①再次感谢客户购买产品。

②向客户赠送小礼品。

③为客户及其车辆拍照留念。

④现场交车工作人员鼓掌向客户表示祝贺。

(8)车友会入会办理。

(9)送别客户。

①二手车销售顾问向客户介绍车辆示驾服务，解释示驾的好处，询问客户是否需

要示驾。

②如果客户不想示驾，二手车销售顾问可以提出陪同客户驾驶到最近的加油站，为客户指路的同时，再告知客户一些用车常识。

③如果客户需要示驾，二手车销售顾问利用示驾机会向客户说明车辆使用常识，根据客户需求强调产品优势，强化客户"作出了正确选择"的感觉。

④告知客户，为了保证服务质量，将有专人对客户进行回访。

⑤如有未尽的事宜，应注意提醒客户。

⑥再次感谢客户，目送客户离开。

⑦客户离开后，当天给客户发送短信表示感谢。

⑧更新客户信息卡和系统。

5.2.7 客户忠诚度管理

5.2.7.1 目的

二手车销售出去后，销售工作并没有结束，还应做好客户忠诚度管理。主要包括两方面内容：一方面是做好信息跟踪和客户关怀，以客户关系维系为主，提高客户满意度，开发潜在客户。另一方面就是做好售后服务工作，以高品质的售后服务带动二手车销售，做到攻守同盟，没有售后服务的二手车销售不可能获得客户的信任。

5.2.7.2 执行要点

1. 客户关怀标准流程

(1) 车辆交付后的回访。

车辆交付当天，二手车销售顾问发送短信关怀客户，感谢客户购买本店二手车产品。

(2) 三日回访。

车辆交付后3天内，二手车销售顾问致电客户，询问客户是否满意并确认车况；若有需要，协助客户解决问题；邀请客户推荐其他用户来店购车。

(3) 七日回访。

车辆交付7日内，客户关爱部主动联络客户，按照客户满意度回访调查表进行客户销售满意度调研；邀约客户参与经销商定期组织的"爱车讲堂"，对车主所购车型进行深入介绍和产品培训。

2. 客户维系标准流程

(1) 寄发感谢信。

二手车销售顾问向客户邮寄感谢信。

(2) 三月内首次保养提醒和首次保养邀约与预约。

①车辆交付后 3 个月内,二手车销售顾问每月致电或短信关怀客户,询问车辆使用情况。

②二手车销售顾问根据每次探询的里程数测算客户的使用频率,并在保养前期打电话给客户提醒保养车辆。

③如客户有需求,帮助客户预约保养事宜。

(3) 交车客户维系,忠诚客户推荐。

①二手车销售部与客户关爱部积极沟通,制订跟踪计划。二手车经理每周确认二手车销售顾问的忠诚客户培养计划。

②根据客户信息,寄送生日贺卡、交车周年纪念卡等,结合客户具体情况向其家人发送节日个性化问候或祝福。

③二手车销售顾问每年至少 2 次与交车客户进行接触,包含区域车展、客户体验活动、促销活动的告知与邀约等。

④当客户表达出对车辆、服务的好感时,请其推荐介绍潜在客户(收购、销售)。

⑤每次与客户联系后,将沟通和反馈信息详实地记录于系统。

任务实施

1. 作业说明

按照"1+X"汽车营销评估与金融保险服务技术(中级)职业技能中的工作任务——机动车(二手车)销售与售后管理的职业技能要求,在实操业务操作中,采用"二手车销售作业"流程,完成二手车的销售工作。

2. 技术标准与要求

项目	具体内容
潜在客户开发	
客户接待与咨询	
产品展示和体验	
交易洽谈与跟进	
成交和车辆交付	
客户忠诚度管理	

注:请学员查阅"二手车销售作业"流程资料后填写。

3. 设备器材

(1) 二手车交易设备。

(2) 耗材及其他。

注：请学员根据场地实际设备器材填写。

4. 作业流程

根据二手车销售作业具体流程，制订二手车销售的工作计划，完成二手车销售用语编写，模拟二手车销售。

自我测试

(1) 简述二手车产品介绍的方法技巧。

(2) 二手车产品的交车流程是什么？

(3) 简述对已成交客户的跟踪服务内容。

5. 填写考核工单

一、任务描述
每 2 名同学一组，1 人扮演客户，1 人扮演二手车销售顾问，模拟二手车销售，并依据"二手车销售作业"流程执行要点，编写二手车销售话术
二、编写二手车销售用语
1. 潜在客户开发
主动联络与邀约客户
来电、网络客户促进与邀约
2. 客户接待与咨询
客户接待
客户咨询

续表

3. 产品展示和体验
产品展示
产品体验
4. 交易洽谈与跟进
交易洽谈
售前跟进

续表

5. 成交和车辆交付
交车前准备
车辆交付

6. 客户忠诚度管理
客户关怀
客户维系

拓展学习

《关于搞活汽车流通 扩大汽车消费的若干措施》

2021年，我国二手车交易量达1758.5万辆，不到汽车保有总量的6%，远低于国际成熟汽车市场比例，二手车跨区域限迁、商品属性不明确、经销业务受限多等问题，严重阻碍了二手车市场的发展。为彻底打通二手车流通的堵点难点，让二手车逐步像新车一样，规范交易、自由流通、放心消费，《若干措施》几乎覆盖了二手车流通的全环节、各领域，从市场主体的登记注册，到备案，再到二手车的会计处理、发票开具，再到车辆的跨区域流通、转移登记，重点有以下几个方面。

一是全面取消限迁政策，促进自由流通。《若干措施》要求，各地区严格落实全面取消二手车限迁政策，自2022年8月1日起，在全国范围取消对符合国五排放标准的小型非营运二手车的迁入限制，促进二手车自由流通，便利企业跨区域经营，方便群众异地买卖二手车。

二是优化交易登记管理，促进高效流通。《若干措施》明确，将企业经销的二手车像新车一样按照"库存商品"进行会计核算，在机动车转让登记时进行单独签注，并核发临时行驶车辆号牌，极大优化了交易登记流程；对汽车限购城市，明确汽车销售企业购入并用于销售的二手车不占用号牌指标，进一步降低企业经营成本，便利二手车交易流通。

三是支持开展经销业务，促进规模发展。《若干措施》要求取消对开展二手车经销的不合理限制，明确登记注册住所和经营场所在二手车交易市场以外的企业可以开展二手车销售业务。同时，由于自然人售卖二手车时，无法作为卖方向收购企业开具销售发票，为便利群众售车和企业经营，允许二手车企业作为买方开具发票，即"反向开具发票"，并凭此办理转移登记手续。

参考文献

[1] 林绪东. 二手车鉴定评估彩色图解教程[M]. 北京：机械工业出版社，2018.7.
[2] 吴东盛，胡宗梅. 二手车鉴定评估实务[M]. 北京：机械工业出版社，2019.3.
[3] 邱官升. 二手车鉴定评估与交易实务[M]. 成都：西南交通大学出版社，2019.1.
[4] 刘军. 二手车置换全程通[M]. 北京：化学工业出版社，2015.6.
[5] 吴兴敏. 二手车鉴定评估(第2版)[M]. 北京：北京理工大学出版社，2022.3.
[6] 孙泽涛，王婷，王晓杰. 二手车鉴定评估与交易[M]. 北京：机械工业出版社，2019.11.
[7] 马海英. 二手车鉴定与评估(第2版)[M]. 北京：北京理工大学出版社，2019.10.
[8] 潘秀艳. 二手车评估与交易[M]. 上海：上海科学技术文献出版社，2016.03.
[9] 明光星，历承玉. 二手车鉴定评估实用教程[M]. 北京：机械工业出版社，2013.2.